Les hauts potentiels

Chez le même éditeur

Ken Blanchard et Mark Miller, *Comment développer son leadership*

Frank Bournois, Jérôme Duval-Hamel, Sylvie Roussillon, Jean-Louis Scaringella, *Comités Exécutifs : voyage au cœur de la dirigeance*

Frank Bournois, Sébastien Point, Jacques Rojot, Jean-Louis Scaringella, *RH, les meilleures pratiques – CAC 40/SBF 120*

Bruno Dufour et Martine Plompen, *Les meilleures pratiques du développement des dirigeants*

Sydney Finkelstein, *Quand les grands patrons se plantent*

Guy Le Boterf, *Ingénierie et évaluation des compétences*

Claude Lévy-Leboyer, *La gestion des compétences*

Henry Mintzberg, *Des managers, des vrais ! pas des MBA*

Henry Mintzberg, *Le manager au quotidien*

Jean-Marie Peretti, *Tous différents*

Jean-Marie Peretti, *Tous reconnus*

Mireille Fesser
Arnaud Pellissier-Tanon

Les hauts potentiels

*Quelles qualités
pour les dirigeants de demain ?*

EYROLLES
Éditions d'Organisation

Éditions d'Organisation
Groupe Eyrolles
61, bd Saint-Germain
75240 Paris Cedex 05

www.editions-organisation.com
www.editions-eyrolles.com

DANGER
LE PHOTOCOPILLAGE
TUE LE LIVRE

Le code de la propriété intellectuelle du 1er juillet 1992 interdit en effet expressément la photocopie à usage collectif sans autorisation des ayants droit. Or, cette pratique s'est généralisée notamment dans l'enseignement, provoquant une baisse brutale des achats de livres, au point que la possibilité même pour les auteurs de créer des œuvres nouvelles et de les faire éditer correctement est aujourd'hui menacée.

En application de la loi du 11 mars 1957, il est interdit de reproduire intégralement ou partiellement le présent ouvrage, sur quelque support que ce soit, sans autorisation de l'Éditeur ou du Centre Français d'Exploitation du Droit de copie, 20, rue des Grands Augustins, 75006 Paris.

© Groupe Eyrolles, 2007
ISBN : 978-2-212-53929-5

*À tous ceux qui ont enrichi
cet ouvrage.*

*À Jean-Marie, à Pierre-Guy,
sans qui il n'aurait pas vu le jour.*

Table des matières

Introduction   9

Chapitre 1 – Trois portraits de hauts potentiels   13

Emmanuelle ou l'élitisme à la française   13
Luc ou l'image de la carrière idéale   16
Charlotte ou la brillante suiveuse   19

Chapitre 2 – La prégnance du diplôme et de la mobilité   23

Le diplôme, un signe d'une capacité de travail
et d'ambition sociale   24
La mobilité, un signe d'adaptabilité   27
La mobilité, un signe de soumission à l'entreprise   30

Chapitre 3 – La compétence et son évaluation   35

La compétence   35
L'évaluation de la compétence   41

Chapitre 4 – Le potentiel face à la décision de promotion   49

La gestion des hauts potentiels   50
Une gestion du potentiel pour tous   55
Le pari de toute décision de promotion   58

Chapitre 5 – Conformité sociale ou contribution à l'entreprise   65

Les pièges de l'estime de soi   66
La source de toutes compétences nouvelles   71

Chapitre 6 – Les sources du potentiel : ambition et modestie 77

Eddy ou l'importance de la remise en cause 77
Monique ou les limites du potentiel 80
Luc, Eddy et Monique ou l'ambition mal placée ... 83
La liberté intérieure des véritables dirigeants 87
La preuve par Charlotte 89

Chapitre 7 – Trois portraits gagnants 95

Lynn ou les bienfaits de l'intelligence 95
Juan ou la découverte de la modestie 98
Naoko ou les triomphes de l'ambition modeste 102
La modestie, ressort du développement personnel 105

Chapitre 8 – Du leadership à la confiance, le dirigeant en action 111

Arthur ou le manque de maturité 111
Le leadership, une affaire de vision et de charisme 114
Alice ou la contrainte de l'émotivité 118
La confiance, marque des véritables dirigeants 120

Chapitre 9 – Évaluer le potentiel au quotidien ... 125

L'assessment center, une réponse partielle 126
L'observation au quotidien, une méthode interne à parfaire 131
Les signes de l'ambition modeste, à observer au quotidien 137

Conclusion 143

Quiz – Êtes-vous un potentiel pour votre entreprise ? 151

Corrigé du quiz 157

Introduction

Manager revient, pour une bonne part, à mettre à jour et développer les compétences. C'est s'orienter sur les points forts. C'est aussi admettre l'imperfection. C'est prendre les hommes comme ils sont, riches d'un potentiel que le manager se doit de détecter et de développer. Or le potentiel, précisément le potentiel de direction, semble être un sujet « top secret » dans les entreprises. Par exemple, une étude sur *Les Meilleures Pratiques des entreprises du CAC 40*[1] en matière de gestion des ressources humaines a mis en évidence un paradoxe. Les grandes entreprises françaises accordent de l'importance à la gestion du potentiel mais les tableaux qui rassemblent les résultats de cette enquête ne présentent presque rien sur le sujet. Aucune information pour certaines entreprises, des renseignements peu explicites, voire opaques pour les autres, tel est le constat. N'auraient-elles donc aucune pratique établie en la matière ? Ce

---

1. Bournois F., Rojot J., Scaringella J.-L., *RH, Les Meilleures Pratiques des entreprises du CAC 40*, Éditions d'Organisation, Paris, 2003.

serait étonnant : toutes ne remettent pas le renouvellement de leur direction à la faveur du prince et un grand nombre d'entre elles recourent à la promotion interne ! C'est, sans doute, qu'elles ne désirent pas rendre publiques leurs façons de procéder ni donner aux ambitieux les clefs d'une carrière brillante.

Pour lever un coin du voile, nous avons examiné les rares définitions du haut potentiel que cette enquête a recueillies. On parle ici de battre les standards de performance dans son poste actuel et de la capacité à évoluer rapidement. On parle ailleurs de population disposant d'un suivi particulier et bénéficiant d'un programme de formation qui vise à étendre les capacités mais aussi à forger les ambitions. Certains comités de direction dressent la liste des personnes dont ils ont remarqué la performance et leur font subir les épreuves d'un *assessment center*. Parfois un mentor rend, en interne, les services d'un coach auprès des salariés à qui vont être confiées, à terme, des responsabilités importantes ainsi qu'à ceux qui viennent d'y accéder.

Peu d'informations, mais déjà l'essentiel : l'expression « haut potentiel » désigne les (jeunes) collaborateurs qui font la preuve de leur performance et pour qui l'entreprise organise des programmes de développement professionnel spéciaux, dans l'espoir d'y puiser ses futurs cadres dirigeants. La performance serait donc le critère décisif, du moins la condition *sine qua non* du bon déroulement du processus. Comment pourrait-on prétendre à un poste plus élevé si on n'a pas fait preuve de performance dans les différents postes que l'on a occupés ? On comprend que l'entreprise mette à l'épreuve ses dirigeants potentiels et l'enquête précise que la mobilité est un passage obligé vers la fonction de dirigeant dans grand nombre de sociétés.

Cette mobilité semble couler de source. Elle présente pourtant quelques ambiguïtés. L'exigence de mobilité que l'entreprise fait peser sur ses hauts potentiels peut dénoter aussi bien l'intention de retenir des personnes ayant fait preuve d'une réelle adaptabilité et d'une forte capacité d'apprentissage, que le souci de mettre à l'épreuve l'implication organisationnelle des membres de son personnel, voire, tout simplement, leur soumission à leurs supérieurs. Tout dépend du contexte. Et ce contexte découle de la culture qui règne dans l'entreprise, pour ne pas parler des valeurs que partagent, en fait, ses membres, ni même du conformisme qui peut présider à leurs décisions.

B. Jarrosson[1] a mis en évidence que l'entreprise est parcourue par deux logiques, celle de la performance et celle de la conformité. Autant il est nécessaire, pour produire, de coopérer avec les collègues, autant il est indispensable, pour vendre, de satisfaire les clients. Or l'exigence commerciale ne prévaut pas toujours et la logique de la conformité l'emporte, dans de nombreuses entreprises, sur celle de la performance. Pour se faire apprécier, il faut commencer par se faire accepter. La direction des ressources humaines devrait donc protéger les profils non conformes et performants, voire les pousser en dépit des pesanteurs de l'entreprise. Il n'empêche, les pesanteurs sont telles qu'il importe, pour les ambitieux, de ne pas déranger l'ordre établi.

---

1. Jarrosson B., *Conseil d'indiscipline : Du bon usage de la désobéissance*, Descartes et Cie, Paris, 2003.

Promouvoir les profils non conformes serait ainsi une tâche des plus ardues sauf à prendre en compte les valeurs exprimées par l'entreprise. Juxtaposées à l'incontournable esprit d'équipe, à la cohésion, parfois, voire à la loyauté ou à la solidarité, apparaissent comme « valeurs », dans les mêmes entreprises du CAC 40, la proximité du client, l'esprit d'entreprise, l'originalité et l'indépendance, ainsi que l'adaptation, l'innovation et le progrès. Ceux qui veulent faire carrière s'efforceront très probablement de se mettre en phase avec ces valeurs !

La question des signes du potentiel se pose dans toute son acuité. Pour détecter un potentiel, dans le cadre de travail quotidien, l'évaluateur considère généralement le respect des valeurs, la mobilité et, pour les Français, le diplôme, prestigieux de préférence. En effet, la compétence se prouve par la performance réalisée, mais le potentiel ne peut s'appuyer que sur des promesses de performance. L'évaluateur ne peut donc formuler qu'un pronostic. Dans un souci d'objectivité, il choisira le diplôme et la mobilité, car ils sont incontestables, mais il s'attachera aussi au respect des valeurs de l'entreprise.

Nous voulons aller plus loin et proposer d'autres pistes pour inscrire la gestion des potentiels dans le long terme et non s'arrêter à l'apparence du potentiel. Quelques exemples de parcours en entreprise et des repères sportifs étayeront notre propos. Bon cheminement, en espérant aiguiser durablement le regard du lecteur pour la réussite commune de l'entreprise et des hommes qui la composent !

Chapitre 1

Trois portraits de hauts potentiels

Sauf influence éventuelle d'un mentor, les personnes promues sont souvent les plus visibles des mieux normées, au regard de la représentation du potentiel prévalant dans l'entreprise. C'est le cas d'Emmanuelle, Luc et Charlotte, trois cadres dont nous brossons les portraits : ils présentent les signes du potentiel communément admis, diplôme élitiste et mobilité internationale. Nous nous proposons de décrire et d'analyser ces trois cas.

Emmanuelle ou l'élitisme à la française

Emmanuelle est issue de l'une des plus prestigieuses écoles françaises, avec un classement de tout premier plan. Son expérience internationale ? Des missions à l'étranger, sans véritable expatriation. Elle travaille en lien avec différentes filiales à travers le monde. Peut-on parler de dimension internationale ? Il nous semble que non. En effet, par son attitude au quotidien dans l'entreprise, Emmanuelle est représentative de ce que les étrangers nous reprochent tant : l'élitisme à la française.

Emmanuelle présente ce complexe tant par sa forme d'esprit que par son attitude. Ses capacités intellectuelles sont bien supérieures à la moyenne comme le montre sa réussite scolaire. Ses équipes ressentent qu'elle cherche à se mettre en valeur et en sont gênées, voire se sentent méprisées. Il est rapidement évident pour ses interlocuteurs qu'elle est dépourvue de modestie. Et son environnement évoque, tant dans sa gestion d'équipe que des situations, une absence de courage, de la manipulation, une fuite des responsabilités, une absence d'esprit collectif. Elle évite l'échange, la confrontation, le conflit et s'entoure de juniors. Elle est perçue comme complexe, indécise, difficile à comprendre, incapable de prendre une position claire ou de défendre un point de vue. Elle parle d'une façon compliquée et échange peu de choses avec ses équipes.

Après les perceptions, considérons les faits. À plusieurs reprises, Emmanuelle a cherché à se faire attribuer la réussite de projets menés par d'autres. Elle rend compte des situations d'une façon tronquée, interprétant souvent leur contexte d'une manière égocentrée. Elle continue d'engranger des connaissances, de nouveaux savoirs (langues, techniques, etc.), mais elle n'entreprend aucune action particulière de développement de compétences managériales. C'est qu'elle n'imagine pas devoir améliorer son relationnel. Elle rejette toute contradiction et tout contradicteur. Elle recherche la notoriété personnelle et le pouvoir. Telle est son ambition. Elle reste dans une logique de caste typique des grandes écoles françaises, bénéficiant pour sa carrière d'un mentor qui renforce et valorise exagérément ses actions et qui a appuyé sa nomination à son dernier poste.

L'entreprise d'Emmanuelle utilise une grille d'évaluation des compétences qui classe l'ensemble des compétences relationnelles et de décision selon leur difficulté d'acquisition et le niveau de séniorité où on les pratique le plus souvent. L'utilisation de cette grille modère sensiblement le pronostic de potentiel de direction du fait de son relationnel élitiste, son absence de pragmatisme, son approche égocentrée des situations, son immaturité managériale. Emmanuelle continue cependant d'être perçue positivement dans les plus hautes sphères de l'entreprise. L'effet de caste est flagrant et l'autorise, d'ailleurs, à une prise de risque et à un niveau d'erreurs bien supérieur à ce qui serait accepté d'autres personnes. Elle a le goût des responsabilités plus que le sens des responsabilités, étant protégée des conséquences de ses actions. Elle ne s'inscrit pas dans le sens de l'entreprise, du challenge collectif. Elle pousse ses objectifs au détriment de l'ensemble. Elle semble chercher ses limites dans des paris osés mais non mûris.

Le cas d'Emmanuelle montre les limites, typiques du moule français, qu'un diplôme prestigieux peut présenter : absence d'humilité, approche purement intellectuelle, goût du pouvoir pour le pouvoir, maturité non aboutie, protection du clan, etc.

Comparons l'entreprise avec le milieu sportif. L'important, dans ce contexte, c'est le mental des champions : on lui attribue leurs performances ou plutôt leur volonté de se surpasser. En bref, leurs performances trouvent leur source davantage dans l'état d'esprit que dans la technique, le physique ou l'intellect. Le rôle du coach est déterminant, comme le rappelle Lionel Bellenger[1] : écoute active, prise en compte des individus, exemplarité, volonté de faire progresser, esprit combatif et constructif, qualité de l'engagement, de la détermination, respect mutuel, maîtrise et contrôle de soi dans un milieu tendu, exercice d'un ascendant à vocation plus enrichissante que castratrice, etc. Et il renouvelle la conception du management en étendant à tous les managers les qualités du coach sportif : « Avoir confiance en l'autre, avoir conscience de l'impact et des talents de chacun, savoir identifier ses propres limites, être capable de prendre du recul, identifier les besoins de développement des collaborateurs, être au clair avec ses valeurs, avoir le sens de l'entreprise (sa culture, sa stratégie) et trouver son équilibre en interne[2]. » On devine ici les progrès que notre manager « d'élite » peut réaliser. Nous en reparlerons. Passons au deuxième cas.

Luc ou l'image de la carrière idéale

Luc est diplômé d'une grande école. Il a bénéficié d'une véritable expérience internationale en Allemagne à ses débuts professionnels. Cette expérience fut facilitée par des racines familiales dans l'est de la France. Son champ de responsabilités s'est étendu un temps à l'ensemble du monde. Il se distingue, en effet, dans le management à distance grâce à une réelle capacité à mettre en place des règles et des méthodes. Il se distingue aussi dans la

---
1. Bellenger L., *Comment managent les grands coachs sportifs*, ESF, 2003.
2. *Ibid.*, ESF, p. 154.

gestion des paradoxes grâce à la manière dont il relativise ces questions. Il présente pourtant, au quotidien, des difficultés à fonctionner avec des cultures différentes de la sienne. Par exemple, en déplacement à l'étranger, il lui est arrivé d'être pris de panique à propos de détails de la vie quotidienne. En bref, malgré la maîtrise de plusieurs langues, il n'est pas à l'aise face à d'autres cultures.

De fait, même dans sa culture d'origine, Luc a des difficultés à échanger et semble se contraindre beaucoup. Son environnement relève qu'il devient agressif lorsqu'il est directement impliqué : il est décrit comme présentant une certaine rigidité personnelle, un tempérament craintif, peu charismatique, pas courageux, tant dans son métier que dans le management d'équipe. Il ne va pas spontanément vers les autres. Par exemple, il n'a pas réagi à l'arrivée d'une autre personne nommée au même poste que lui.

Son environnement constate aussi qu'il s'exprime avec peu de modestie quand il parle de ses succès : il se les attribue clairement et ne considère pas que son environnement ait pu l'aider. Lorsqu'il parle de ses échecs, il se montre sur l'instant de mauvaise foi, pouvant aller jusqu'à mentir. Son expression favorite serait du genre : « On ne m'avait pas dit que, ce n'est pas moi qui... » Mais avec du recul, quelques semaines plus tard, il tend vers une certaine honnêteté. Nous dirons que le regard qu'il porte sur ses compétences et son action est partial.

Fier de son parcours scolaire, Luc se forme une haute opinion de lui-même. Mais les évaluations internes à son entreprise, la même que celle d'Emmanuelle, ne font pas apparaître une performance managériale marquée au regard de la grille de compétences. Il vit comme un décalage entre son diplôme, qui devrait, selon son schéma, dérouler devant ses pas une carrière menant aux plus hautes fonctions, et la réalité de ses performances, en retrait du fait de son retard de maturité. Frustré par le retard de sa carrière, il aborde son parcours sans modestie. Il n'en tire pas les leçons ni ne développe de compétences managériales. Il ne fait pas preuve de beaucoup d'intelligence émotionnelle. Il s'est enfermé dans une logique intellectuelle et s'est inscrit en gros travailleur depuis la fin de ses études, il y a plus de dix ans. Il cherche, par besoin de sécurité, à se conformer à un modèle social. Il appréhende difficilement la nouveauté. Anxieux, il respecte les délais et les contraintes de l'entreprise avec soumission. Il est perfectionniste. Il fait preuve de lenteur.

Le cas de Luc illustre la prégnance de la norme sociale en matière de carrière, le poids de l'intelligence spéculative par opposition à la finesse des relations interpersonnelles, la frustration découlant des obstacles que tout plan de carrière rencontre dans son déroulement. Autres sont les connaissances et la compréhension du monde, autres sont les compétences, notamment managériales, et la direction des affaires. Distinguons, en effet, les savoirs théoriques ou factuels qui peuvent et doivent être enseignés, des habitudes de comportement que nous développons spontanément en agissant.

Or, comme M. Buckingham et C. Coffman le constatent[1], un salarié moyen se distingue d'un bon ou d'un mauvais en ce qu'il se contente de faire ce qu'on attend de lui sans rien ressentir de particulier. Le bon et le

---

1. Buckingham M. et Coffman C., *Manager contre vents et marées*, Village Mondial, 2003, cf. p. 100.

mauvais, eux, sont animés de nombreuses impressions mais ne les transforment pas de la même manière. L'un a adopté un comportement positif au contraire de l'autre. Ils diffèrent par leurs attitudes. Et si le potentiel est au rendez-vous, un changement d'attitude peut transformer le salarié « poids mort » en une étoile. Autrement dit, le potentiel ne se situe pas dans la moyenne mais dans le tout bon ou le tout mauvais. L'important c'est que la personne en question change d'attitude. Et celle qui est passée du tout mauvais au tout bon s'est sans doute obligée à prendre du recul, à comprendre ses expériences passées, à tenir compte de l'attitude des autres, en mettant de côté son ambition ou son amour-propre, à se forger une vision globale de son comportement aussi objective que possible. C'est en procédant ainsi que, peu à peu, on finit par bien se connaître et avoir une idée juste de l'impression que l'on donne aux autres. Mais il faut du temps, de l'attention et de l'écoute.

Charlotte ou la brillante suiveuse

Passons au troisième cas. Charlotte est également issue d'une grande école française. Elle dispose elle aussi d'une expérience internationale, tant en Europe qu'en Asie. Mais nous touchons du doigt chez elle les limites de la dimension internationale : son parcours s'est toujours réalisé dans un environnement protégé, une sorte de bulle, sous le regard bienveillant de sa hiérarchie. Aller vivre dans un coin exotique du monde dans des conditions très favorables d'expatriation, avec des contacts locaux limités, ne préfigure pas d'une compétence managériale à la dimension du monde. Charlotte a su se faire toujours apprécier de sa hiérarchie qui l'a d'ailleurs soutenue tout au long de son parcours. Mais si l'on regarde de plus près, on s'aperçoit que Charlotte est restée un peu plus d'un an et demi dans ses différents postes et n'a pas vraiment eu le temps de valider sa performance. Elle a vécu ainsi des expériences diverses et riches, en s'y impliquant, mais toujours dans l'ombre de ceux qui l'ont choisie.

À chaque fois, Charlotte a su entraîner, dynamiser, accompagner, en se tenant au rôle qui lui avait été fixé. En entretien, elle évoque son expérience de chef scout. Il semble qu'elle reproduit ce schéma de sa jeunesse. Le regard qu'elle porte sur son parcours jusqu'alors est honnête. Elle évoque ce positionnement privilégié de suiveuse, ne cherche pas à se mettre en avant mais valorise plutôt l'équipe, au risque d'adopter une approche « colonie de vacances ». À titre d'illustration, elle a fait réaliser une carte de vœux illustrée d'une photo de l'ensemble de l'équipe, tous habillés d'un même vêtement. Équipière plus que responsable, elle attribue ses réussites tant aux autres qu'à elle-même. Cependant, en cas de difficulté, elle parle plus de l'environnement que d'elle-même. Son parcours scolaire a déterminé une mécanique intellectuelle, des schémas de fonctionnement conventionnels dont elle ne sort pas. Elle se remet peu en cause.

Son comportement révèle qu'elle refuse de lutter pour avancer. Elle n'est pas combative. Sa force de proposition est limitée. Elle est efficace, au second rang, quand un autre ouvre la voie et lui demande son avis. La grille des compétences utilisée dans l'entreprise confirme qu'elle n'a pas les compétences de direction : elle n'a pu en effet démontrer une réelle capacité à donner une ligne directrice ni se forger la vision et l'énergie nécessaires. Elle s'est laissée porter par un contexte qui lui était favorable sans prendre ses responsabilités à bras-le-corps. De même, elle présente des insuffisances en matière de gestion de l'ambiguïté et les contextes nécessitant innovation, nouveauté ou créativité ne peuvent lui correspondre. Elle a besoin d'être guidée, accompagnée. Elle ne sait pas différencier son management en fonction des personnalités des membres de son équipe. Elle n'a pas la dimension motrice, l'énergie des leaders.

Pour en venir à des caractéristiques plus personnelles, Charlotte ne cherche pas à creuser les questions ni ne remet en cause les décisions de la hiérarchie. Il faut distinguer son engagement dans les challenges qu'on lui propose, qui est réel, de sa capacité d'autonomie, d'indépendance ou d'innovation, qui reste limitée. Elle suit bien mais n'entraîne pas. Son fonctionnement est bien structuré et elle a appris à vendre son expérience. Mais elle ne démontre pas de fantaisie particulière ni d'originalité. Elle ne se soucie guère de montrer l'exemple et semble se donner peu d'exigences. Ceux qui la connaissent depuis longtemps savent que son caractère est doux, peu combatif. Efficace au quotidien, elle ne s'inscrit pas avec détermination dans le long terme. Par nature modeste et avec un réel sens de l'équipe, elle se met peu en avant. On peut se demander quelles sont ses ambitions.

Son profil convient à la culture de son entreprise marquée par une identité forte, notamment une fierté d'appartenance à la marque. Sa capacité à jouer le rôle d'une pièce dans un puzzle y a favorisé son évolution. En revanche, elle fait preuve de peu de performance quand il s'agit de construire de nouveaux cadres de référence. Elle est limitée par un besoin de sécurité ou par une peur de l'échec. Elle est intimidée par le pouvoir et ne le recherche pas. Son référentiel est normé et cohérent avec son cursus de grande école. Elle a structuré son regard et correspond bien à l'intégration par le diplôme au moule de son entreprise. Parfaitement normée, dans une logique de sécurité, elle ne peut se positionner en entreprise comme un agent de changement et d'évolution.

Les limites de Charlotte, douée intellectuellement mais s'inscrivant mieux dans un collectif, mettent en évidence quelques dimensions du potentiel de direction : le caractère de battant, la vision d'ensemble et d'avenir, la capacité à sortir d'un domaine protégé, le charisme, l'inscription du potentiel dans une étape de l'entreprise, le poids de la culture d'origine dans le regard porté sur le monde, la différence entre l'intégration et la capacité à remettre en cause le système, la différence entre expérience internationale et ouverture réelle sur le monde.

L'entreprise attache de l'importance à l'évaluation du potentiel car elle se doit de retenir des personnes ayant la capacité de réussir dans le poste à pourvoir. Elle s'appuie sur des signes tels que le diplôme ou la mobilité. Pour le salarié, présenter ces signes multiplie les chances d'être promu. C'est que, malgré l'expérience que chacun peut tirer de son contexte de travail quotidien, l'entreprise légitime principalement ses choix à partir du diplôme et de la mobilité : ils présentent le mérite de l'objectivité. Mais bien qu'ils sont communément utilisés, les cas de Charlotte, Luc et Emmanuelle montrent leurs limites : tempérament de suiveur plus que leader, attitude déformée par une image de carrière idéale ou un complexe de supériorité. Faisons le point.

Chapitre 2

La prégnance du diplôme et de la mobilité

Les cas de Charlotte, Luc et Emmanuelle nous aident à comprendre l'importance et les limites du diplôme et de la mobilité comme signes de potentiel. Le fait est que l'entreprise sait très bien évaluer les compétences de son personnel, du moins ses performances, mais rencontre des difficultés à évaluer son potentiel. Comment s'assurer que telle personne possède les compétences d'un poste de direction si elle n'a jamais tenu pareille fonction ? L'évaluateur ne peut que formuler un pronostic mais il se doit de le faire le plus rigoureusement possible.

Pour répondre à son besoin, de nombreuses méthodes ont été développées[1] mais elles demandent souvent une

---

1. Pour une présentation critique des pratiques de détection et de sélection du potentiel, cf. Brissot E., « Les pratiques des détections

expertise technique, comme les tests psychométriques ou de QI, ou une mise en œuvre spécifique, comme dans les *assessment centers*. Dans le cadre de travail quotidien, l'entreprise dispose de ses propres sources d'évaluation, les entretiens et les évaluations par les collègues du genre « 360 degrés », sans oublier l'observation au quotidien. Elle s'appuie souvent, dans un souci d'objectivité, comme le rapporte C. Falcoz[1], sur le diplôme et la mobilité.

Le diplôme, un signe d'une capacité de travail et d'ambition sociale

Quand le travail comportait principalement des tâches simples, modifiées à la marge au rythme d'une évolution technique assez lente, le savoir-faire était acquis une fois pour toutes lors de l'apprentissage. Quand les relations interpersonnelles de travail présentaient une forte similitude avec celles, fortement hiérarchisées, prévalant entre les classes sociales, le savoir être était développé par osmose avec l'éducation des règles et des normes. Restait le savoir. Les entreprises eurent recours, en matière scientifique et technique, aux diplômés des écoles que l'État avait fondées pour se constituer des corps techniques

---

et sélection des cadres à haut potentiel », in Bournois F. et Roussillon S. (dir.), *Préparer les dirigeants de demain*, Éditions d'Organisation, Paris, 2000, pp. 373-394. Pour une analyse de leur validité prédictive, cf. Lévy-Leboyer C., *La Gestion des compétences*, Éditions d'Organisation, Paris, 2000. Et pour une synthèse de la question, cf. Hourquet P.-G. et Saint-Giniez (de) V., « Évaluer le potentiel d'évolution des cadres », *Tous DRH*, de Peretti J.-M. (dir.), Éditions d'Organisation, Paris, 2ᵉ édition, 2001, pp. 205-218.

1. Cf. Falcoz C., « La gestion des cadres à haut potentiel », *Revue française de gestion*, vol. 28, n° 138, avril-juin 2002, pp. 21-31.

compétents puis, en matière managériale, aux écoles qui reprirent leur modèle : le diplôme était le signe des savoirs acquis par son titulaire et de sa capacité à en acquérir tout au long de la vie. Aussi était-il et est-il toujours un signe de capacité de travail et d'ambition sociale.

Le diplôme ouvrait et ouvre toujours en France les portes de l'entreprise[1]. Aussi l'ambition sociale se concentrait-elle, lors de la période de hiérarchie sociale et de stabilité des techniques que nous venons d'évoquer, sur l'instruction des enfants. Cela était d'autant plus vrai que la forme du concours qu'elle prenait pour sélectionner les plus brillants d'entre eux pouvait laisser croire à une réelle mobilité sociale. Aussi, la motivation de la plupart des personnes à potentiel n'était pas tant la contribution à l'entreprise que l'ascension sociale. Mais ce fait était sans conséquence pour l'entreprise. Pour mieux se mouler dans la hiérarchie sociale, les salariés adoptaient une personnalité conforme au comportement qu'ils pensaient devoir adopter. Si bien que les diplômés que l'entreprise recrutait avaient effectivement développé, après un temps d'adaptation, les savoir être requis.

Il restait à vérifier que le parcours professionnel confirmait le signal apporté par la renommée du diplôme, notamment que le plan de carrière se déroulait conformément aux aspirations attendues d'un potentiel du type

---

1. Cf. pour Polytechnique et l'ENA, Bauer M. et Bertin-Mourot B., *Les 200, comment devient-on un grand patron ?* Le Seuil, 1987, et des mêmes auteurs, « La Tyrannie du diplôme initial et la Circulation des élites : la stabilité du modèle français », *in* Suleiman E. et Mendras H., *Le Recrutement des élites en Europe*, La Découverte, Paris, 1995, pp. 48-63.

considéré. La norme était une progression en termes de responsabilités assumées, accompagnée d'une grande fidélité à l'employeur. Il semble au regard de l'évolution de la société que la hiérarchisation sociale s'efface peu à peu et s'accompagne d'un affaiblissement de l'éducation donnée dans la famille, notamment de l'esprit de service. Mais les écoles, du moins les grandes, ont joué de plus en plus un rôle d'intégration au monde de l'entreprise par la multiplication des opportunités qu'elles offrent. Et c'est l'une des raisons de leur succès et l'un des critères de leur classement. Les deux dimensions du phénomène français des grandes écoles se soutiennent l'une l'autre : excellence académique et sélection sociale.

Et on peut se demander si, dans la majorité des cas, l'obtention d'un diplôme ne consacre pas plus l'ambition sociale que la capacité de travail. Certes, surtout pour les diplômes élitistes, les lauréats ont dû travailler durement, ce qui prouve une réelle capacité de travail, voire une forte envie d'apprendre. Et plus le diplôme est élitiste plus il a fallu de persévérance pour réussir à l'obtenir. Mais sauf d'exceptionnelles vocations de savants, chacun cherche à obtenir le diplôme d'une école prestigieuse, moins pour acquérir des connaissances que pour intégrer l'entreprise à un niveau d'emblée élevé : le diplôme est la première étape du cursus *honorum* que le XXe siècle nous a légué. D'ailleurs, le diplôme sanctionne un savoir et non pas un comportement, comme le rappellent F. Bournois et S. Roussillon[1], au mieux des *hard skills* ou compétences métiers et non des *soft skills* ou compétences comportementales. Il est très peu question, quoique les

---

1. Bournois F. et Roussillon S. (dir.), *Préparer les dirigeants de demain*, Éditions d'Organisation, Paris, 2000.

choses changent, d'acquérir des comportements adaptés à la vie en entreprise. Aussi, y a-t-il comme un paradoxe à considérer le diplôme comme signe de capacité de direction.

Examinons le comportement de nos diplômés de grandes écoles. Leur ambition ne s'enracine pas toujours dans une maturité qui leur permette d'assumer les risques inhérents aux responsabilités auxquelles ils accèdent en entreprise. Et parfois le cocon qui les entoure retarde cette maturité. On sent chez eux comme un besoin de sécurité contraire à l'ambition qu'ils affichent. Nos diplômés ont travaillé durement pour se mouler dans les canons de l'ambition sociale mais cela ne contribue pas à en faire des managers ou des agents de changement. S'ils ont appris à apprendre, ils ne savent pas forcément faire évoluer leurs comportements ni ceux de leurs équipes. Ayant grandi le plus souvent dans des milieux protégés, ils n'ont pas toujours l'expérience de la diversité, voire de l'adversité, ni ne savent adapter leurs comportements en conséquence. Le diplôme ne sanctionne donc pas la sagesse qu'apporte généralement la maturité professionnelle. La mobilité serait-elle un meilleur signe d'adaptabilité et de potentiel ?

La mobilité, un signe d'adaptabilité

La renommée du diplôme et le « sans-faute » du parcours professionnel désignaient les potentiels dans l'organisation taylorienne. L'idéal « scientifique » de maîtrise du facteur humain exigeait en effet une seule compétence à côté des savoirs et savoir-faire dédiés à la production : le savoir du spécialiste de l'organisation du travail. Diplôme et parcours brillant restaient essentiels dans le modèle d'organisation prôné par l'école des relations humaines. La prise en compte des aspirations individuelles ne fait qu'enrichir de savoir-être la palette des compétences requises de l'encadrement. Mais deux faits sont venus ébranler ce modèle d'entreprise d'une façon telle que le diplôme et la notion de plan de carrière ont perdu un peu de leur dimension.

Tout d'abord, l'évolution des techniques, l'internationalisation des marchés et la mobilité des hommes provoquent une certaine obsolescence des compétences, si bien que ce n'est plus seulement durant sa jeunesse qu'il s'agit d'acquérir des compétences nouvelles mais tout au long de la vie, au fur et à mesure qu'on change de contexte de travail. Maintenir le potentiel de son personnel permet à l'entreprise d'envisager avec sérénité des mutations d'envergure. Elle fait donc peser sur son personnel une exigence d'adaptabilité. Et toute personne ayant un tant soit peu d'ambition de carrière se doit de maintenir un potentiel, une capacité à apprendre tout au long de la vie, qui lui permette de répondre à cette exigence d'adaptabilité.

Ensuite, l'exacerbation de la concurrence plonge les entreprises dans une profonde incertitude sur la pérennité de leurs marchés, si bien qu'aucune d'entre elles ne peut plus promettre à quiconque un emploi à vie, et que toutes doivent simultanément licencier, muter, recruter des personnes pour qui ce sont autant de traumatismes de carrière. Si quelqu'un a effectivement du potentiel, il saura développer des compétences qui ne sont pas spécifiques à son entreprise, il pourra les faire valoir dans d'autres organisations. Il aura développé son employabilité. Il est loyal pour l'entreprise de favoriser le développement de telles compétences et c'est d'ailleurs son intérêt. Elle ne peut prétendre recruter autrement des personnes ayant un tant soit peu d'ambition de carrière puisqu'elle ne peut promettre un emploi à vie. L'employabilité est devenue ainsi l'une des facettes de la mobilité.

Il n'est plus question d'une carrière exemplaire mais d'une carrière faisant preuve de mobilité, à savoir toute forme de changement permettant d'élargir son champ professionnel, localisation, métier, responsabilité. La mobilité est devenue ainsi synonyme d'adaptabilité et l'entreprise la perçoit comme un signe du potentiel ; du moins une mobilité internationale est un passage obligé dans les grandes entreprises pour atteindre des postes de direction.

C'est le cas de l'entreprise de Charlotte, Luc et Emmanuelle. Chez elle, la mobilité est considérée comme un excellent moyen de développer ses compétences et ses savoir-faire au même titre qu'une formation accélérée. Aussi la DRH y a-t-elle mis en place une politique de mobilité entre sociétés du groupe et entre pays, qui, officiellement, n'a pas pour but premier de pourvoir les postes vacants mais doit permettre :

❖ de développer et fidéliser les hauts potentiels ;
❖ d'augmenter l'employabilité de l'encadrement intermédiaire ;
❖ de préparer les jeunes cadres à assurer la relève du management.

Aussi la mobilité est-elle un impératif pour tout jeune cadre à potentiel : une règle précise selon laquelle tout jeune cadre doit effectuer une mobilité à l'issue de la deuxième ou troisième année passée dans son premier poste dans le groupe. Et les mobilités internationales sont encouragées pour les jeunes cadres les plus performants. Ainsi, la mobilité est clairement considérée par cette entreprise comme un moyen d'ouverture managériale et de développement personnel et professionnel.

La mobilité, un signe de soumission à l'entreprise

Si la mobilité est signe d'adaptabilité, la mobilité internationale doit être prisée entre toutes : elle est censée apporter capacité d'adaptation à de nouvelles cultures et vision des affaires plus globale. C'est le cas dans l'entreprise de Charlotte, Luc et Emmanuelle : « La mobilité internationale vise à former des cadres disposant d'une culture et d'une capacité d'anticipation internationale. Elle permet aux sociétés du groupe de préparer l'avenir en s'appuyant sur des cadres capables de comprendre la complexité des marchés locaux et d'animer des équipes internationales. » Cette vision de la mobilité internationale est partagée par les entreprises internationales et certaines y voient aussi l'occasion de développer l'autonomie de leurs cadres : la distance aide à prendre des initiatives. On comprend pourquoi l'expatriation est une épreuve incontournable pour leurs futurs cadres dirigeants.

Pourtant, comme le montre le cas de Charlotte, aller vivre à l'étranger, comme expatrié notamment, n'a jamais garanti une compréhension plus importante des autres cultures. En effet, la vie dans certaines régions du monde, grandes capitales internationales la plupart du temps, insère au contraire les expatriés dans des microcosmes surprotégés, tenus à l'écart des réalités du pays. Mais l'évolution des technologies a changé la donne : visioconférences, courriels, accès à de multiples chaînes télévisées à travers le monde, raccourcissement des distances par la vitesse des trains et des avions, mélanges ethniques, etc. Si le voyage « forme encore la jeunesse », il y a maintenant d'autres moyens de s'ouvrir à de nouvelles cultures et l'entreprise peut organiser des projets transversaux impliquant différentes nationalités ou renforcer des partenariats plutôt que favoriser l'expatriation. La mobilité internationale n'est donc pas tant en elle-même signe d'adaptabilité que les occasions concrètes d'échanges avec d'autres cultures.

Par ailleurs, il n'est pas du tout évident que les diplômés de grandes écoles retirent tous un avantage d'une expatriation. Elle est censée prouver l'autonomie de l'expatrié, du moins lui offrir l'occasion de développer son autonomie. J.-L. Cerdin et M. Dubouloy relèvent en effet que « les personnes qui ont acquis dans leur enfance et adolescence une capacité d'autonomie importante ont une forte probabilité de réussir leur expatriation ». Mais ils remarquent aussitôt qu'« ils sont fort peu nombreux, en particulier dans les milieux des personnes très diplômées et qui ont vu leur maturité retardée du fait, précisément, d'une dépendance économique, sociale, de longue durée à l'égard de leurs parents particulièrement[1] ». En quelque sorte, les objectifs que ces personnes poursuivent

---

1. Cerdin J.-L. et Dubouloy M., « Expatriation et responsabilité sociale de l'entreprise : une approche psychanalytique », Actes de la 5e université de printemps de l'audit social, *Audit social et responsabilité sociale de l'entreprise*, IAE de Corse, université Pascal-Paoli, Corte, 22, 23 et 24 mai 2003, pp. 91-106, cit. p. 93.

peuvent ne pas répondre aux désirs qu'elles pourraient ressentir profondément mais plutôt à ceux que leurs proches leur ont inculqués, notamment l'entreprise, et auxquels ils adhèrent, par exemple, par ambition. Peu importent les motifs réels pour lesquels une expatriation leur est proposée. Peu importent leurs motivations profondes. L'expatriation leur donne l'occasion de renouveler l'ambition qui les anime sur le mode du rêve. Le candidat à l'expatriation demeure donc dépendant.

L'entreprise peut jouer de la dépendance dans laquelle se trouvent les membres de son personnel et du doute qu'ils ressentent parfois quand ils affichent, par ambition, des compétences et des performances. Ils peuvent craindre secrètement de ne pas avoir le potentiel requis. Ils cherchent à acquérir la réputation d'avoir du potentiel et ils quêtent, dans l'opinion d'autrui, une approbation à leur ambition. Ils se rendent dépendants de l'image du potentiel prévalant dans l'entreprise et de l'opinion que se forment les autres de leur conformité à cette image. Ils font carrière grâce au soutien du sérail et ils se rassurent, parfois, sur leur performance par mille jeux de pouvoir, comme l'illustre en partie le cas d'Emmanuelle.

Tout n'est pas noir dans l'expatriation pour de telles personnes, précisent J.-L. Cerdin et M. Dubouloy. Ils distinguent les motifs pour lesquels on s'expatrie de la chance que représente l'expatriation. « Ce qui est en jeu dans la dynamique de l'expatriation c'est la capacité de ces personnes à prendre leurs distances par rapport à leurs repères habituels (famille, amis, entreprise, modes de vie, etc.). » En effet, les choses changent quand l'expatriation a eu lieu. « Le séjour à l'étranger va favoriser la mise en perspective du passé, le retour sur soi et permettre ainsi d'intégrer la complexité et l'histoire passée dans le présent de la vie[1]. » Quoique, pour de telles personnes, le risque d'échec soit grand, l'expatriation peut être la chance de leur vie : elle les met au pied du mur. Elle leur donne l'occasion de rompre avec l'ambition qui leur a été inculquée. Ces personnes apprennent alors à se découvrir. Il faut pour cela, nous semble-t-il, que l'expatriation apporte une véritable rupture culturelle et un dépaysement psychologique.

En suivant M. Dubouloy[2], on peut interpréter l'expatriation et d'une façon générale le parcours imposé par les entreprises à leurs cadres à haut potentiel comme une initiation à soi-même et à la direction d'entreprise. Cette interprétation suppose qu'on ne peut gérer une entreprise qu'à la condition de savoir se gérer soi-même, du moins qu'on ne sera une force de changement, qu'à la condition d'agir par soi-même. Dans cette optique, le cheminement du cadre à haut potentiel consiste à se transformer et à transformer le regard qu'il porte sur le monde. Cette transformation passe par l'acquisition de connaissances, d'expériences et d'apprentissages nouveaux mais elle comporte aussi des remises en question et des renoncements. N'étant souvent que le fruit de son conformisme, de sa capacité à devenir ce que l'on attend de lui, comment un manager peut-il se transformer en cet individu d'exception qu'est un dirigeant ? Il devrait abandonner tout ce qui le valorise à ses yeux et à ceux de son

---

1. Cerdin J.-L. et Dubouloy M., *op. cit.*, pp. 93 et 99.
2. Dubouloy M., « Devenir dirigeant, une utopie, intégrer la réalité dans un idéal », 2ᵉ journée Humanisme et Gestion, Gouvernance d'entreprise et leadership, 14 avril 2005, Centre de recherche Humanisme et Gestion, Bordeaux, École de management, pp. 99-106.

entreprise. Au-delà du modèle de réussite auquel il adhérait, il devrait mettre sa véritable personnalité et s'autoriser à devenir lui-même. L'expatriation ne fait que lui en donner l'occasion. Elle peut tout aussi bien renforcer sa soumission à l'entreprise, précisément au jeu de miroir par lequel se forge la réputation d'avoir du potentiel.

Ce n'est donc pas la mobilité en elle-même qui peut être signe de potentiel mais le regard que le manager porte sur lui-même. Cela nous semble couler de source et pourtant la mobilité, notamment la mobilité internationale, demeure un passage obligé. C'est sans doute que l'entreprise désire passer au crible l'ambition de ses salariés et mesurer leur degré de soumission. En bref, la mobilité, surtout internationale dans les grands groupes, perd de sa signification. Elle peut être source d'adaptabilité quand elle est intelligemment organisée. Elle est le plus souvent signe de soumission à l'entreprise.

❦

Nous venons de voir que le diplôme et la mobilité sont autant signes de capacité de travail et d'adaptabilité que d'ambition sociale et de soumission à l'entreprise. Ils se prêtent donc mal à être utilisés sans précaution par les entreprises et il nous faut reprendre à nouveau la question des signes du potentiel. Nous allons commencer, pour ce faire, par une analyse de la notion de compétence en lien avec la performance.

Chapitre 3

La compétence et son évaluation

Le fait est que le concept de compétence a été forgé au fur et à mesure de l'apparition de nouvelles pratiques de GRH : recrutement, formation, rémunération, carrière. Tous ces domaines ont été renouvelés par l'exigence de performance qui pèse de plus en plus sur l'entreprise et a conduit à s'intéresser de près aux savoirs, savoir-faire et savoir être de ses collaborateurs. Nous commencerons donc par retracer l'origine du concept de compétence puis nous nous intéresserons à la mesure de la compétence pour mieux en souligner les limites.

La compétence

Dans les années 1970 on ne parlait pas encore de compétence mais de qualification. Le terme est apparu alors que l'entreprise devait s'adapter à un contexte requérant flexibilité et polyvalence mais également implication des différents acteurs[1]. Et ce glissement de la certitude (la qualification, l'emploi) vers des hypothèses (la compétence, l'employabilité) n'est toujours pas achevé. La validation du capital humain se fait de moins en moins de l'intérieur, par l'entreprise, mais de plus en plus de l'extérieur, par le marché du travail. Et l'emploi n'est plus beaucoup l'affaire de l'entreprise prise comme un tout mais plutôt celle de la personne qui travaille. La GRH devait trouver une nouvelle façon de décrire et de mesurer le capital humain. Ce fut la compétence.

L'apparition de nouvelles pratiques

Les pratiques en matière d'organisation du travail ont consacré l'écrasement de la pyramide hiérarchique, le développement de l'autonomie locale (ce qui entraîne la responsabilisation de tous les salariés quel que soit leur poste) et l'extension de la délégation. Les collaborateurs sont de plus en plus sollicités. Cela a des conséquences dans les domaines de la formation et du recrutement. Toute l'architecture de la reconnaissance sociale par le diplôme, le système de certification et les modes d'appréciation et de validation de la qualification semblent être absorbés dans la tourmente de « cet attracteur étrange[2] » qu'est la compétence.

Les pratiques et le rôle de la formation sont particulièrement touchés. Un accent particulier est mis aujourd'hui

---

1. Cf. Zarifian P., « L'émergence du modèle de la compétence », in Stankiewicz F., éd., *Les Stratégies d'entreprises face aux ressources humaines. L'après-taylorisme*, Economica, Paris, 1988.
2. La formule a été forgée par G. Le Boterf : Le Boterf G., *De la compétence. Essai sur un attracteur étrange*, Éditions d'Organisation, Paris, 1994.

sur le rôle formateur du travail. Le compagnonnage et le tutorat, devenus coaching parfois, sont aujourd'hui plus largement répandus et envisagés que par le passé. Le bon sens populaire rappelle que « c'est en forgeant que l'on devient forgeron ». Le rôle formateur du travail induit une transformation du rôle de la formation instituée qui, de ce fait, aurait plus vocation à transmettre des savoirs qu'elle n'aurait capacité à faire émerger de nouveaux comportements, à influer sur le degré d'implication des salariés ou leur mode de relations à l'entreprise. L'important, au final, c'est que les salariés aient, selon E. Dugué, « non pas des connaissances utiles au travail mais des comportements utiles aux entreprises[1] ».

Les compétences résultent de processus d'apprentissage toujours à construire et la gestion des compétences est, pour une large part, une gestion des personnes et de leur développement. La simple adéquation de l'homme à son poste ne suffit plus : les emplois changent et c'est un développement permanent des compétences que l'on recherche, un potentiel d'adaptation. L'accent porte plus sur ce qu'un individu est capable de faire que sur ce qu'il a toujours fait. C'est pourquoi les entreprises se sont mises à gérer les compétences en commençant par les distinguer et les nommer.

La notion de compétence apparaît ainsi comme la notion charnière de l'ensemble des domaines de la gestion des ressources humaines. Dans l'entreprise, le recrutement valide les compétences utiles, la formation les développe, les qualifications et la rémunération les reconnaissent, la

---

1. Dugué E., « La gestion des compétences : les savoirs dévalués, le pouvoir occulté », *Sociologie du travail*, n° 3, 1994, pp. 273-292, cit. p. 281.

gestion des carrières les utilise et les affecte. La gestion des compétences est donc transversale à la plupart des domaines de la GRH.

L'émergence d'un nouveau concept

C'est en 1982 que R. Boyatzis forge une définition de la compétence qui fait référence, à savoir « l'ensemble des caractéristiques d'une personne qui la rend capable de fournir un travail excellent ou de tenir parfaitement une fonction donnée parce qu'elle adopte les comportements adéquats[1] ». Cette définition ne semble pas faire l'unanimité. Alain Klarsfeld[2] a retracé dans une enquête la diversité des acceptions du mot compétence. Il y aurait, d'après lui, autant d'acceptions que de contextes dans lesquels le mot a pu être utilisé, telles la linguistique, l'ergonomie, la psychologie, la stratégie ou la sociologie : elles découlent des enjeux propres à ces contextes.

Concentrons-nous sur les apports de l'ergonomie et de la psychologie L'amélioration de l'efficacité est liée à la performance et c'est, d'après le consensus émergent, une affaire de comportement. L'ergonomie s'intéresse aux postes de travail et cherche à les analyser, chacun dans son contexte précis. Dans cette optique, M. de Montmollin a défini la compétence comme des « ensembles stabilisés de savoirs et de savoir-faire, de conduites types, de

---

1. Boyatzis R., *The Competent Manager*, John Wiley, New York 1982. Cité par C. Lévy-Leboyer, « L'évaluation des compétences dans le monde du travail », *Personnel*, n°412, août-septembre 2000, pp. 65-69, cit. pp. 67 et 68.
2. Klarsfeld A., « La compétence, ses définitions, ses enjeux », *Gestion 2000*, mars-avril 2001, pp. 31-48.

procédures standards, de types de raisonnement que l'on peut mettre en œuvre sans apprentissage nouveau[1] ».

Claude Lévy-Leboyer relève que la compétence se présente comme un substitut des concepts d'aptitude et de traits de personnalité propres à la psychologie du travail. Or, précise-t-elle, le gestionnaire, au contraire du psychologue, ne cherche pas à « expliquer la variance des comportements [des individus] dans l'exécution de tâches spécifiques ». Mais il s'intéresse à ce qui leur permet de travailler efficacement. Si bien que les compétences « concernent la mise en œuvre intégrée d'aptitudes, de traits de personnalité et aussi de connaissances acquises, pour mener à bien une mission complexe dans le cadre de l'entreprise qui en a chargé l'individu[2] ». La compétence est donc révélée par la performance réalisée dans l'accomplissement d'une tâche ou d'une mission précise : c'est ce qui permet à l'individu de la remplir d'une façon satisfaisante.

G. Le Boterf, insistant sur les représentations, affirme que la compétence est « l'ensemble pertinent, reconnu et éprouvé des représentations, connaissances, capacités et comportements mobilisés par une personne ou un groupe dans une situation de travail[3] ».

M. Joras et J.-N. Ravier, parlent de « l'ensemble dynamique des savoirs, savoir-faire, savoir être (acquis, requis) mis en œuvre pour mener à bien une activité professionnelle ou extraprofessionnelle »[4].

---

1. Montmollin M. (de), *L'Intelligence de la tâche*, Peter. Lang Verlag, Berne, 1984, cit. p. 122.
2. Lévy-Leboyer C., *La gestion des compétences*, Éditions d'Organisation, Paris, 1996, cit. 26.
3. Le Boterf G., *De la compétence, op. cit.*, p. 20.
4. Joras M. et Ravier J.-N., *Comprendre le bilan de compétences*, éd. Liaisons, Paris, 1993.

Cette définition nous intéresse particulièrement, pour les raisons suivantes :

❖ ensemble de *savoirs, savoir-faire, savoir être* : les listes des différentes capacités que rassemble la compétence sont longues et apparemment peu cohérentes. L'important, à ce premier niveau d'analyse, est de retenir que la compétence est une forme de capacité ;

❖ ensemble *(acquis, requis)* : il y a bien une différenciation entre les hommes et leurs emplois, une exigence requise par la situation professionnelle et une capacité de réponse acquise par l'individu dont la compétence est l'articulation ;

❖ ensemble *dynamique* : ces savoirs résultent d'un processus continu d'apprentissage et la gestion des compétences est, comme nous l'avons vu, pour une large part, une gestion des personnes et de leur développement. Et le développement de l'entreprise passe par chacun de ses collaborateurs ;

❖ ensemble dynamique de savoirs, savoir-faire, savoir être (acquis, requis) *mis en œuvre pour mener à bien une activité* : la compétence est contingente, relative à une situation de travail, et elle est opératoire, finalisée par une activité à mener à bien. Elle est d'ailleurs révélée par la réussite de l'activité : la compétence est ce qui permet d'être performant. En bref, on dit de quelqu'un qu'il est compétent, quand son travail est performant. Nous n'abordons pas ici d'autres variables telles la motivation, l'implication ou la nature de l'organisation considérée.

Certes, c'est au regard des attentes qu'elles ont et des exigences qu'elles font peser sur lui, que des instances extérieures à l'individu jugent de sa performance. Mais que la performance soit elle-même une notion relative aux critères de jugement retenus par ceux qui la jugent ne change rien au fait que la compétence est toujours spécifiée par la tâche ou la mission à accomplir. La compétence recouvre ainsi la capacité à être performant, dans tel emploi et tel contexte donnés.

Ce disant, nous ne voulons pas nier que la performance soit aussi une affaire de motivation. Il est probable qu'une personne peu motivée ou mal à l'aise dans son travail fasse preuve, généralement, d'une faible performance, quel que soit son niveau de compétence. Il est courant d'affirmer que la performance est le produit de la compétence et de la motivation. Si la motivation est la volonté d'être performant, la compétence en est bien la capacité.

L'évaluation de la compétence

Nous venons de le voir, la compétence est révélée par la performance. Et cette performance est toujours contextualisée par la tâche à accomplir et les exigences de la personne qui la prescrit. C'est pourquoi les compétences ne peuvent être mesurées objectivement hors du temps et de l'espace dans lesquels elles s'inscrivent mais prennent sens en fonction de la réalité du travail effectué et de son contexte. Malgré cette limite, on ne cesse d'évaluer les compétences, précisément ses différentes composantes.

Les composantes de la compétence

Il nous faut préciser quels sont ces savoirs que la compétence rassemble et qui assurent la performance. Nous l'avons vu, les listes des composantes de la compétence relevées par les différentes définitions que nous avons présentées ne se ressemblent pas beaucoup : R. Boyatsis parle de « caractéristiques personnelles », G. Le Boterf de « représentations », « connaissances », « capacités » et « comportements », C. Lévy-Leboyer de « traits de personnalité » et de « connaissances acquises », M. de Montmollin, de « savoirs », de « savoir-faire », de « conduites types », de « procédures standards » et de « types de raisonnement ». M. Joras et J.-N. Ravier préfèrent parler de savoirs, de savoir-faire et de savoir être. Comme S. Michel, nous prenons le parti que « l'accumulation de savoirs, de savoir-faire et de savoir être (dont on ne sait pas ce qu'ils sont) ne permet pas à elle seule d'expliquer l'action réussie[1] ».

La diversité des listes des composantes de la compétence met en évidence l'effort pour sortir de l'apparente banalité de la distinction classique des trois savoirs : le savoir (tout court), le savoir-faire et le savoir être. On pourrait penser, en effet, que cette distinction considère le savoir comme la catégorie générale, que le savoir-faire serait une forme de savoir résiduel propre à englober les dimensions de la compétence qui résistent à l'analyse, le savoir être n'ayant pour objet que de remédier aux carences des deux autres savoirs. En bref, il suffirait de dresser une liste des savoirs un tant soit peu complète pour cerner les composantes du potentiel.

Ce serait passer à côté de la finesse de l'analyse de M. de Montmollin lorsqu'il distingue trois composantes à la compétence : les connaissances qui permettent de

---

1. Michel S., *Sens et contresens des bilans de compétences*, éd. Liaisons, Paris, 1993, cit. p. 47.

comprendre « comment ça marche » et peuvent être acquises par une formation préliminaire, les savoir-faire qui indiquent comment faire marcher et les métaconnaissances qui permettent de gérer les connaissances qui ne sont acquises que par l'expérience. Il y a comme une distinction des savoirs par leur mode d'acquisition et l'imbrication de leur mise en œuvre.

Fondamentalement, ce serait perdre le sens originel de la distinction des savoirs, savoir-faire et savoir être, qui remonte aux sources de notre civilisation. Les philosophes grecs distinguaient déjà la science, d'une part, des procédés et tours de main et, d'autre part, de la sagesse de la conduite humaine. Autrement dit, la connaissance diffère à la fois de la production et de l'action. Mais dans la vie professionnelle, les trois sont étroitement mêlés : pour produire quoi que ce soit, on mobilise ses connaissances mais toute production reste vaine si elle n'est pas valorisée par une consommation qui lui donne son sens en la faisant participer à l'action d'un homme. En bref, travailler c'est bien sûr produire en mobilisant tels savoirs mais c'est aussi agir en valorisant telle production.

Personne ne niera que la seule accumulation de savoirs, savoir-faire et savoir être, ne suffit pas à constituer une compétence. Il est clair que le lien, l'articulation entre eux est capital.

❖ Celle des savoirs et savoir-faire ne pose pas trop de problèmes. C'est par la pratique que l'homme de métier développe les procédés et tours de main qui composent son savoir-faire et intègre peu à peu dans ses gestes les savoirs qu'il mobilise dans sa production. L'entraînement rend peu à peu tacites ces savoirs dont autrement l'exercice ne serait ni efficace ni aisé.

❖ Entre savoir et savoir être, c'est par la fréquentation des personnes avec qui on est conduit à vivre qu'on apprend à les connaître, à se connaître, et qu'on maîtrise peu à peu son comportement de façon à obtenir des relations de qualité.

❖ Reste l'intégration des savoir-faire et du savoir être. C'est par l'expérience de la consommation de ce qu'on produit qu'on juge de son bien-fondé et qu'on la valorise à bon escient.

La performance trouve là sa pierre angulaire. Souvent les chercheurs considèrent le travail seulement comme une production plutôt que comme une action. Ils assimilent la compétence aux seuls savoir-faire et, pris au piège de leur erreur d'optique, ils butent sur la présence du savoir être. Constater que le savoir être concourt à la performance nous conduit à affirmer qu'il est bien l'une des composantes de la compétence.

Le cas des compétences managériales illustre bien notre propos[1]. Que fait un manager tout au long de ses journées ? Peu par lui-même, tout par ses collaborateurs : il mobilise les savoirs des uns, il coordonne les savoir-faire des autres. Ces savoirs et ces savoir-faire, il n'a pas besoin de les connaître ou de les maîtriser par lui-même mais seulement de savoir en quoi ils sont utiles à son entreprise, de les rassembler, les maintenir à jour, les diffuser ou les répartir, tout ceci à bon escient. C'est en fait se faire rencontrer les hommes qui les connaissent ou

---

1. Cf. les travaux fondateurs de H. Mintzberg, notamment Mintzberg H., *The Nature of Managerial Work*, Harper and Row, 1973, traduction française par Pierre Romelaer : *Le Manager au quotidien, Les dix rôles du cadre*, Les Éditions d'Organisation, Paris, 2ᵉ édition 2006.

les possèdent et les faire concourir à la production de l'entreprise, si possible, d'une façon que le client final apprécie et valorise. Il s'agit de constituer son équipe, de la motiver, de négocier les changements, de gérer l'ambiguïté, d'assumer l'incertitude, etc. Ces tâches exigent souvent de la ténacité, parfois du ménagement, toujours de la maîtrise de soi, qualités qui ramènent manifestement au savoir être[1]. En bref, la compétence du manager comporte fort peu de savoirs et de savoir-faire mais surtout du savoir être. Et si c'est bien ce troisième élément qui fait la différence et détermine le potentiel, l'évaluation du potentiel devra se faire, au quotidien, dans le contexte de travail.

Les méthodes d'évaluation de la compétence et leurs limites

On est donc performant quand on articule les trois savoirs (savoirs, savoir-faire et savoir être), composants de la compétence. On pourrait penser qu'évaluer les compétences revient à mesurer la précision et l'étendue des connaissances, la rapidité et l'efficacité des gestes, sans oublier la maîtrise de soi.

S'appuyant sur ces constats d'évidence, de nombreuses méthodes d'évaluation des compétences ont été élaborées. Elles s'appuient toutes sur une description et une analyse des compétences acquises par l'évalué et requises par la tâche ou la mission. L'avantage de telles pratiques

---

1. Cf. Lapierre L., « Le ménagement : ménager, faire le ménage et se ménager », *Gestion*, novembre 1992, pp. 59-67 et Laroche H., « Le manager en action : les jugements et l'attention », *IXe conférence internationale de management stratégique*, AIMS 2000, Montpellier, 24-25-26 mai 2000.

est de forger un vocabulaire commun et de permettre ainsi à tous dans l'entreprise de s'entendre sur les compétences de ses membres. Ce partage est d'autant plus aisé que le vocabulaire consacré reprend les termes que tout un chacun aurait utilisés spontanément et c'est avec plus de facilité que les managers peuvent alors faire comprendre à leurs collaborateurs ce qu'ils attendent d'eux.

Le défaut de ces méthodes d'évaluation des compétences serait de ne pas nommer assez précisément le savoir, le savoir-faire ou le savoir être en question, mais de se contenter de formules insistant sur la performance et non sur la compétence, du genre « être capable de faire ceci ou cela ». De telles formules suffisent pour une évaluation sommaire, orientée vers l'obtention de résultats opérationnels. Mais dès qu'il s'agit de mettre en œuvre une démarche de développement personnel, elles risquent de ne pas aider assez à comprendre où il faut faire porter les efforts. Pour exemple, l'esprit d'équipe, formulé en termes d'action à mener, fait abstraction des attitudes pour ne pas parler des qualités morales requises pour savoir « s'intégrer à l'équipe », « pratiquer l'entraide », « associer les autres dans ses actions » ou « défendre l'équipe devant les tiers ». Il eut peut-être été opportun de parler de dévouement, de déférence ou de courage ? Ce n'est pas ainsi que les attentes sont exprimées.

La pratique des méthodes d'évaluation des compétences révèle leurs limites. Les savoirs que l'on évalue sont ceux mis en exercice dans le poste ou la mission considérée, sachant que la performance dont on fait preuve résulte de l'interaction de la personne évaluée avec l'entreprise, et que l'évaluation dépend du but et de la méthode d'évaluation. On distingue plusieurs limites :

- on ne peut évaluer que les compétences requises par la tâche ou la mission que l'on observe, et non les autres compétences de l'évalué, *a fortiori* son potentiel ;
- la performance dont on fait preuve résulte de l'interaction de la personne évaluée avec l'entreprise, notamment son style de direction et sa culture. Chaque entreprise a ses spécificités et une même personne ne réalisera pas une performance égale pour un même poste ou une même mission dans deux entreprises différentes ;
- l'évaluation dépend du but et de la méthode d'évaluation elle-même. En bref, l'évaluation des compétences ne peut se faire qu'en référence à une tâche ou à une mission précise réalisée dans une entreprise donnée. La compétence est « contextuée ».

En dehors de ce contexte, sans tâche ou mission où l'évalué puisse faire la preuve de sa performance ni *a fortiori* d'entreprise où elle puisse être menée, ce n'est plus, à proprement parler, une compétence qu'on évalue mais la possibilité d'être performant, sans en avoir encore fait la preuve, dans une tâche ou une mission qui n'a pas encore été réalisée, ainsi qu'un contexte d'entreprise qu'on n'a pas encore expérimenté. Certains parlent de potentiel. Au contraire de la compétence, nulle performance ne vient signaler l'existence du potentiel. Se pose alors la question de sa détection autrement plus complexe que celle de l'évaluation des compétences.

Chapitre 4

Le potentiel face à la décision de promotion

Selon le *Larousse* (1995), le qualificatif potentiel « se dit d'une chose qui existe en puissance, virtuellement mais non réellement (*qualité potentielle*) — contraire : actuel ». L'étymologie en est le latin *potentialis*, *potens*, « puissant ». L'expression « en puissance » désigne bien des phénomènes qui existent mais ne se manifestent pas encore. La GRH a transformé en substantif l'adjectif potentiel pour désigner les capacités professionnelles qui n'ont pas encore fait la preuve de leur performance. On parle de compétence, dès lors qu'elles deviennent visibles au travers d'un niveau de performance mais de potentiel, quand elles n'ont pas encore eu l'occasion de se manifester. Le concept s'est dégagé peu à peu de la pratique et, comme toute la question demeure de savoir comment détecter ce fameux potentiel, des méthodes et des procédures ne cessent d'être perfectionnées.

La gestion des hauts potentiels

À l'origine, le mot de potentiel s'appliquait, en entreprise, à la gestion des passages verticaux. Il s'agissait de faire évoluer vers la maîtrise les meilleurs ouvriers de chaque filière professionnelle et ainsi de suite pour les différentes catégories professionnelles. On considérait la performance et le mérite, si bien que les passages se faisaient au titre des compétences professionnelles sans s'assurer de l'adaptabilité au nouveau contexte de travail ni des qualités de management requises par le nouveau poste. Rien ne garantissait la performance dans le nouveau poste et les faits l'ont abondamment montré. De fait, la maîtrise d'une compétence n'implique pas forcément la possibilité d'évoluer, la personne en question pouvant être simplement un solide professionnel. Pour les managers, il s'agit d'évaluer, plus que l'atteinte des objectifs, la manière de gérer leurs équipes.

Les nouveaux contextes, règles et relations ont induit une rupture avec la situation antérieure et un changement d'identité professionnelle[1], si bien qu'on s'est aperçu que les compétences passées ne suffisaient pas, qu'il fallait s'assurer des compétences potentielles de la personne qu'on songeait à promouvoir. Il a donc fallu s'interroger sur la capacité de progresser du candidat, sur l'avancée qu'il peut faire faire à son entreprise. La performance s'est ainsi enrichie d'une dimension dynamique. Et c'est cette dimension qui transforme la logique de compétence en une logique de potentiel. Une pratique de la promotion s'est peu à peu dégagée mais l'importance qu'elle

---

1. Cf. Sainsaulieu R., *L'Identité au travail*, Presses de la Fondation nationale des sciences politiques, Paris, 3ᵉ édition, 1988.

accorde au développement professionnel ne peut cacher le fait que toute décision de promotion repose sur un pari, nous le verrons plus loin.

La question des compétences potentielles a toujours été abordée, surtout dans les grands groupes, pour les cadres dits « à haut potentiel », susceptibles d'atteindre des postes de dirigeant dans l'entreprise. On organise pour eux des parcours sur mesure afin qu'ils intègrent le plus rapidement possible les différentes dimensions de l'entreprise, en franchissant différentes étapes de sélection, du « vivier » à la « réserve », puis aux « héritiers apparents », tel que V. de Saint-Giniez[1] a pu l'analyser :

- ❖ le vivier est assez vaste mais ne rassemble presque jamais plus de 20 % des cadres de l'entreprise. Ce sont de jeunes diplômés d'écoles élitistes ou des personnes ayant fait preuve d'une grande performance dans leur premier poste. Leurs supérieurs pensent qu'ils sont capables de gravir sans difficulté deux ou trois degrés dans la hiérarchie, tant à des postes de management qu'à des postes techniques. Ils bénéficient de formations au management ;
- ❖ la réserve ne représente que 6 % du vivier. Ses membres occupent les postes de direction dans les différentes divisions de l'entreprise. Ils font des sacrifices importants pour elle et, en retour, l'entreprise leur offre des formations sur mesure de développement personnel ;

---

1. Saint-Giniez V. (de), *Les Mécanismes d'attribution du potentiel d'évolution des cadres : validation d'un modèle simplifié du processus cognitif*, thèse de doctorat en sciences de gestion, université de droit, d'économie et des sciences d'Aix-Marseille III, 10 janvier 1997.

❖ les héritiers ne représentent que 6 % de la réserve. Ce sont eux qui tiennent les postes les plus élevés. Chapeautés par des seniors, ils sont tous connus personnellement par le comité de direction.

Ces parcours sur mesure et ces étapes de sélection étaient une façon d'assurer, autant que de besoin, le renouvellement de la direction.

On s'est aperçu que les programmes de sélection des cadres à haut potentiel ont des effets démobilisateurs sur les autres salariés de l'entreprise. On comprend donc la discrétion qui entoure généralement ces programmes. Il est contre-productif de laisser savoir qui a été ou non retenu. Mais la confidentialité la plus complète est impossible à respecter et le seul ébruitement de l'existence d'un tel programme suffit à susciter des ambitions et provoquer des rancœurs.

Comme l'enquête que nous avons analysée en introduction[1] l'établit clairement, les plus grandes entreprises françaises ont mis en place des programmes de sélection des hauts potentiels. Mais pourquoi réserver aux seuls hauts potentiels des parcours et des formations ? Ce ne sont pas seulement les postes de direction qu'il s'agit de renouveler mais toute l'entreprise du haut en bas de la hiérarchie.

Cet examen du potentiel se décline à l'entreprise tout entière[2]. C'est moins un programme à mettre en œuvre,

---

1. Bournois F., Rojot J. Scaringella J.-L., *RH, Les Meilleures Pratiques des entreprises du CAC 40*, Éditions d'Organisation, Paris, 2003.
2. Dany F. et Livian Y.-F., *La Gestion des cadres – pratiques actuelles et pistes d'évolution*, Vuibert, Paris, 1995.

forcément limité par un budget et réservé à un petit nombre, qu'une démarche s'appliquant à tous les niveaux de la hiérarchie. Miser sur le potentiel de ses collaborateurs suppose d'avoir fait le point sur les compétences dont l'entreprise aura besoin demain, les opportunités qu'elle peut proposer à ses collaborateurs actuels ou futurs et les apprentissages qu'elle peut leur apporter. Cette démarche est animée par une véritable logique de gestion de la potentialité globale de l'organisation.

De leur côté, les salariés peuvent faire le point sur les carrières auxquelles ils peuvent prétendre, dans et hors de l'entreprise, en bref sur leur employabilité. Cela suppose qu'ils sachent présenter de façon concrète leurs réalisations professionnelles, qu'ils aient dressé la liste des compétences qu'ils ont alors prouvées. Ils doivent clarifier les caractéristiques personnelles qui contraignent leur évolution professionnelle (contraintes familiales, traits de caractère, etc.) et, bien sûr, identifier leurs motivations profondes. C'est une façon, pour les salariés, d'évaluer leur potentiel. Et encourager son personnel à se préoccuper de son employabilité, c'est une façon pour l'entreprise de préparer la relève, même si elle encourage à la quitter ceux à qui elle ne peut pas offrir une évolution de carrière.

En bref, cette logique anime de l'intérieur la pratique plus générale d'allocation des ressources humaines dans les dispositifs opérationnels de l'entreprise. Elle permet aux pratiques de promotion de contribuer à la pérennité de l'entreprise. Cela suppose l'existence de processus de préparation et de sélection. Il s'agit de mettre en place des parcours qualifiants et formateurs favorisant la performance au niveau hiérarchique supérieur.

Fondamentalement, l'analyse des forces et des faiblesses d'un salarié permettra de l'orienter puis de lui donner les situations lui permettant de corriger ses défauts et de renforcer ses qualités. Il s'agit même de miser sur ses points forts sans perdre de temps sur ses défauts. M. Buckingham et C. Coffman ont pu définir le talent comme un mode stable de pensée, de sentiments ou de comportement susceptible d'engendrer des résultats positifs[1]. Tout ceci doit se faire d'une façon très concrète, bien planifiée dans le temps. Encore faut-il que les calendriers coïncident. Cela suppose donc une planification du renouvellement des postes.

Dans le cas des hauts potentiels, il est clair qu'il s'agit de postes de direction, sur du long terme, couronnant une progression de carrière. Dès qu'il y a plusieurs candidats, il devient utile de formaliser les règles qui président aux décisions de promotion. La rivalité qui s'instaure inévitablement sera disciplinée, d'une façon d'autant plus réelle que ces règles seront équitables, et l'esprit d'équipe sera préservé autant que faire se peut. Il ne faudra pas craindre de perdre les candidats « malchanceux ». C'est leur intérêt d'aller trouver ailleurs un poste à la hauteur de leur ambition déçue et c'est aussi celui de l'entreprise de ne pas conserver des collaborateurs qui risqueraient de ne pas accepter le pouvoir d'un rival. Partir de l'ancienneté, de la performance passée et s'atteler en même temps au développement professionnel pour fonder les évolutions individuelles et collectives, voilà l'alchimie à gérer !

---

1. Buckingham M. et Coffman C., *Manager contre vents et marées*, Village Mondial, 2004.

Une gestion du potentiel pour tous

L'ambiguïté du concept de potentiel transparaît à travers la diversité de ses acceptions. P.-G. Hourquet et V. de Saint-Giniez en ont fait la synthèse et relèvent sept définitions du potentiel, qu'ils regroupent en trois catégories selon la forme d'évaluation à laquelle chacune d'entre elles correspond, diagnostic, pronostic ou prévision :

* au diagnostic, correspondent les définitions du potentiel comme « la non-atteinte du seuil d'incompétence », « l'excellence dans une filière » et « l'étendue du champ des possibles » ;
* au pronostic, correspondent « la capacité à occuper un poste précis » et « la capacité à exercer des responsabilités plus importantes » ;
* à la prévision, correspondent « le niveau hiérarchique maximal atteignable » et « les cadres à haut potentiel ».

Le tableau de la page suivante détaille ces différents sens.

Cette diversité de définition correspond, selon P.-G. Hourquet et V. de Saint-Giniez, à une diversité de finalités. L'évaluateur s'interroge sur « la non-atteinte du seuil d'incompétence » quand il doit décider d'une promotion. Il scrute « l'excellence dans une filière » s'il s'agit de confirmer quelqu'un dans cette filière. Il fait le tour « du champ des possibles » pour affiner une orientation. Voilà pour le diagnostic.

Quant au pronostic, pour un recrutement interne, l'évaluateur s'intéresse à « la capacité à occuper un poste précis ». Pour le suivi dans l'évolution du poste ou pour une promotion, il juge de « la capacité d'exercer des responsabilités plus importantes ».

Les différentes conceptions du potentiel et leurs enjeux

Forme d'évaluation	Définition du potentiel	Horizon temporel retenu	Personnes concernées par l'évaluation	Finalité recherchée
Diagnostic	Non-atteinte du seuil d'incompétence	Présent	Tous les cadres	Éventuelle promotion
	Excellence dans une filière	Présent	Cadres confirmés	Confirmation dans la filière
	Étendue du champ des possibles	Court-moyen terme	Tous les cadres	Orientation
Pronostic	Capacité à occuper un poste précis	Court-moyen terme	Tous les cadres	Recrutement interne
	Capacité à exercer des responsabilités plus importantes	Court-moyen terme	Cadres performants	Suivi de l'évolution dans le poste ou promotion
Prévisionnel	Niveau hiérarchique maximal atteignable	Long terme	Tous les cadres	Rémunération. Gestion de la mobilité verticale
	Cadres à haut potentiel	Long terme	Tous les jeunes cadres	Détection des futurs dirigeants

d'après P.-G. Hourquet et V. de Saint-Giniez[1]

---

1. Hourquet P.-G. et Saint-Giniez V. (de), « Évaluer le potentiel d'évolution des cadres », *Tous DRH*, sous la direction de Peretti J.-M., Éditions d'Organisation, 2ᵉ édition, Paris, 2001, pp. 205-218, tableau p. 207.

Et enfin concernant la prévision, l'évaluateur s'interroge sur « le niveau hiérarchique maximal atteignable » quand il s'agit de fixer une rémunération ou de gérer une mobilité verticale. Et on parle de « cadres à haut potentiel » pour détecter les futurs dirigeants.

Finalement peu importe la diversité des finalités recherchées par l'entreprise. Car cela mène de toute façon à une promotion, à savoir la nomination à un certain poste d'une personne qui n'a pas encore démontré des compétences requises par ce poste. La question reste de faire un pronostic sur sa « probabilité d'être performante dans telle ou telle fonction ». C'est dans ce contexte de promotion que se pose donc la question du potentiel.

Par ailleurs, on remarque à la lecture du tableau que l'horizon temporel passe peu à peu du court terme au long terme au fur et à mesure que la finalité de l'évaluation se fait moins opérationnelle mais plus fonctionnelle. Il s'agit moins d'une décision à mettre en œuvre immédiatement mais plutôt de la déclinaison d'une politique RH de gestion des emplois et des compétences. Et la définition du potentiel se modifie aussi au fur et à mesure du glissement de la finalité de l'évaluation :

- ❖ c'est de plus en plus, pour l'entreprise, le souci de ne plus s'engager dans l'urgence mais de procéder avec méthode à l'ensemble des décisions de promotion de l'entreprise ;
- ❖ c'est de moins en moins, pour le salarié, une opportunité qui se présente comme un effet du sort mais la satisfaction de faire partie du petit nombre de ceux qui ont toute chance de faire carrière dans l'entreprise.

En bref, le concept de potentiel a été opérationnalisé sans qu'on ait eu vraiment besoin de savoir ce qu'il recouvre. On comprend que les entreprises cherchent à procéder avec méthode à ces décisions de promotion et, notamment, à évaluer les potentiels. Et c'est aussi l'intérêt des salariés que de pouvoir faire carrière sans flatter l'arbitraire des petits chefs. Il s'agit, en quelque sorte, pour l'entreprise comme pour le salarié, de définir des procédures équitables qui donnent à chacun sa chance. Si on adopte le point de vue du salarié, on dira que le potentiel consiste en la chance d'obtenir une promotion. Si on adopte le point de vue de l'entreprise, on pensera que le potentiel répond à la probabilité de réussir dans le poste suivant. C'est ce qu'elle cherche à connaître et ce que l'évaluateur doit prendre en compte. S'il y a une part de chance, voire une part d'arbitraire, c'est que toute décision de promotion repose sur un pari.

Le pari de toute décision de promotion

Quand il s'agit de pourvoir un poste, les critères de choix des candidats peuvent être variés : diplôme, expertise, âge, ancienneté, mérite, expérience dans un poste, parcours professionnel ou performance passée. Ils demeurent insatisfaisants. Il est impossible de savoir avec certitude si la personne promue sera performante et prête à se mobiliser. Nous sommes dans le domaine de la prévision. Décider de promouvoir quelqu'un c'est faire le pari qu'il a les capacités requises et qu'il est disposé à les mettre en œuvre. Nous retrouvons l'idée que la performance est le produit de la compétence et de la motivation. Nous découvrons celle que toute décision de promotion repose sur un pari.

Certains, par défaut de courage, ne peuvent assumer l'incertitude inhérente au monde des affaires. Ils ressentent, comme tout le monde, la difficulté qu'il y a à évaluer les compétences, *a fortiori* à détecter les potentiels, mais ils contournent la difficulté en accordant un poids réel à des critères incontestables, sans rapport apparent avec les compétences requises mais considérés comme légitimes dans leur entreprise. Déclinés sur un mode caricatural, ces critères pourraient être l'appartenance à une association d'anciens, la couleur politique, les liens de parenté, l'origine sociale, etc. Et à un certain niveau de responsabilité, ou pour certains postes sensibles, la connivence, voire l'allégeance, et le respect de rites et normes prennent une part prépondérante.

Le phénomène est plus prégnant qu'on ne pourrait le croire : ces critères peuvent être tout simplement, nous l'avons vu, le diplôme, essentiel en France, ou la mobilité. L'évaluateur, mal à l'aise face au pari que comporte toute décision de promotion, pourra se rassurer en recourant à de tels éléments. Le consensus dont ils sont l'objet étaye sa décision et l'exonère du risque d'échec. De fait, la plupart des entreprises promeuvent de préférence ceux de leurs collaborateurs qui ont été formés dans des écoles reconnues ou qui présentent des carrières respectant les passages obligés, notamment l'international. Cela n'apporte pas la preuve que la personne considérée sera performante dans le poste dans lequel on songe à la promouvoir mais simplement qu'elle s'est dotée des signes du potentiel reconnus par tous dans l'entreprise.

D'autres, par un excès de confiance en soi, prétendent maîtriser l'avenir. Ils ressentent, eux aussi, la difficulté qu'il y a à évaluer les compétences et à détecter les potentiels mais ils s'empressent de nier son importance : la reconnaître reviendrait à douter de leur toute-puissance. Un caricaturiste leur ferait dire : « La performance, c'est une affaire de motivation. Ce dont nous avons besoin, ce sont des battants. » Cette caricature aide à saisir l'état d'esprit qui règne quand prévaut la recherche de résultats immédiats ou apparents. Ils promeuvent les plus performants et les laissent faire leurs preuves. Mais si à l'échéance les résultats ne sont pas au rendez-vous, ils en gèrent la sortie ou le placard.

Jack Welch raconte pourquoi, chez General Electric, il faisait licencier tous les ans les 10 % les moins bien notés au regard d'une grille recoupant l'énergie, la capacité à dynamiser les autres, l'esprit de décision et l'aptitude à tenir ses objectifs, en bref la passion. « Ce sont les gens qui ne vont jamais au bout de ce qu'ils entreprennent. Loin de galvaniser leurs collègues, ils leur coupent les moyens. Au lieu de faire avancer les choses, ils tergiversent. S'ils passent leur vie à perdre du temps, ils ne doivent pas nous faire perdre le nôtre.[1] » Les 20 % les mieux notés sont promus et généreusement récompensés. Et quant aux 70 % restants, dont la « contribution est essentielle à la réussite opérationnelle » de l'entreprise, « nous leur demandons tous les jours de combler les lacunes qui les empêchent » de faire partie des 20 % les meilleurs.

Cet exemple de pratique est typique de l'approche selon laquelle il faut vouloir pour pouvoir. Bien sûr, les RH de

---

1. Welch J., *Jack*, Warner Business Books, New York, 2001, traduction française : avec John Byrne, *Ma vie de patron, Le plus grand industriel américain raconte*, Village Mondial, Paris, 2001, cit. p. 169.

General Electric n'ont jamais négligé les compétences requises pour les missions à remplir mais le management de l'entreprise semble considérer que les compétences vont d'elles-mêmes. Il est intéressant de souligner cette exaltation de la motivation dans la performance future : à compétences potentielles données, il faut en effet vouloir les développer. Si l'entreprise s'implique, du haut en bas de la hiérarchie, le plus souvent, la performance est au rendez-vous. D'une façon générale, les collaborateurs se montrent à la hauteur des exigences de leurs supérieurs : s'ils attendent beaucoup d'eux, ils répondront à cette attente, mais s'ils en attendent peu, ils réagiront à la hauteur du peu.

C'est le fameux effet Pygmalion qui désigne l'influence de l'évaluateur sur la performance de l'évalué. Les attentes de l'évaluateur et le préjugé qu'il se forme de l'évalué transparaissent dans son comportement et ce dernier a tendance à s'y conformer. À compétences initiales égales, celui qui bénéficie d'un préjugé favorable de la part de son évaluateur obtient au final de meilleurs résultats que celui qui bénéficie d'un préjugé défavorable. Il est facile d'expliquer ce phénomène dans le cas où, pour une raison quelconque, l'évalué ne prendrait pas de risque. La confiance de ses supérieurs lèverait les obstacles. L'évalué se sentirait alors compétent et le prouverait en libérant ses potentialités. Dans le cas contraire, il ne prendrait pas le risque, par peur, méfiance ou démotivation. Le pari qui sous-tend toute décision de promotion est d'autant moins risqué que l'évaluateur a de bonnes raisons pour faire confiance à l'évalué.

Entre les deux extrêmes du manque et de l'excès de confiance en soi, l'évaluateur doit asseoir son pronostic en prenant en compte toute une série de composantes. Il ne négligera pas le diplôme ni la mobilité pour la capacité de travail ou l'adaptabilité dont ils sont vraiment signes. Il ne négligera pas non plus l'effet favorable de la confiance, mais ne s'en remettra pas à un effet Pygmalion quelque peu magique. Il cherchera à cerner la chance que l'évalué a de réussir dans le poste à pouvoir. Tel est, pour l'entreprise, son potentiel. Pour le salarié, ce sera la chance de réussir que l'évaluateur lui attribue.

Mais il suffit que l'évaluateur dévie par excès ou défaut de confiance en lui pour que cette chance ne repose plus sur la réussite que l'évalué peut effectivement prouver dans le poste à pourvoir. L'entreprise s'écarte alors des faits et le potentiel devient l'objet d'un jeu de réputation cristallisant les espoirs de toutes les parties, à savoir, pour l'entreprise, de promouvoir des personnes qui seront compétentes, et pour les salariés, d'être promus et de faire carrière. Et il suffit que l'entreprise ait opérationnalisé sa gestion du potentiel, notamment qu'elle ait fixé des objectifs en matière de diplôme et de mobilité, pour que tous s'attachent aux critères qu'elle retient, en eux-mêmes et non pour ce qu'ils signifient. Ceux qui présentent ces caractéristiques auront plus de chance de retenir l'attention des évaluateurs et de faire carrière, quoique rien ne prouve qu'ils aient effectivement du potentiel.

On peut parler alors d'attribution de potentiel, au sens de chance d'obtenir une promotion, plus que de détection du potentiel, au sens de probabilité de réussir dans le nouveau poste. Mais la réussite n'est pas une conséquence systématique de la promotion, sauf à dire qu'appartenir à un groupe identifié par des caractéristiques extérieures suffit pour réussir. L'appartenance à une communauté est, de fait, un des critères possibles de toute promotion. Ceux qui s'en contentent, font-ils preuve d'une bonne gestion des ressources humaines ?

Chapitre 5

Conformité sociale ou contribution à l'entreprise

La question est de savoir si le potentiel est autre chose qu'un jeu de réputation et si on dispose de motifs raisonnables pour procéder à une promotion. Autrement dit, s'il est possible de dépasser les critères traditionnels de recrutement et de promotion que sont le diplôme et la mobilité et de s'attacher aux compétences dont ils sont censés être signes et qui assurent la performance. La difficulté provient de ce que les signes du potentiel deviennent équivoques dès qu'une représentation du potentiel est reçue par tous dans l'entreprise, et que ces signes peuvent indiquer plus d'habileté à se mettre en lumière qu'ils ne reflètent de capacité à acquérir de nouvelles compétences. L'origine d'un tel comportement se trouverait notamment dans une estime de soi inappropriée qui chercherait la conformité plutôt que la contribution. C'est une des difficultés de l'évaluation. Revenons-y.

Les pièges de l'estime de soi

Du fait que chacun s'identifie peu ou prou à son organisation, une relation non équilibrée peut s'établir. Quand l'organisation abuse de l'implication de son personnel, une dépendance psychologique peut s'instaurer, comme S. Roussillon l'analyse dans le cas des hauts potentiels : l'organisation mobilise l'amour que l'individu lui porte pour l'encourager à « rester conforme à l'image d'excellence qui lui est opposée [...] pour continuer à faire partie des HP. [...] De plus l'organisation renforce le lien de dépendance ainsi créé par de multiples satisfactions (salaire, honneurs, promesses de promotions...), par la protection qu'elle offre et par le sentiment de puissance personnelle que permet l'appartenance à un groupe et par la menace permanente de ne plus faire partie de ces élus en cas de ralentissement[1] ». Elle manipule, en quelque sorte, le désir de faire partie du petit nombre ou de bénéficier des avantages symboliques et matériels des HP et renforce la dépendance de certains de ses salariés à l'opinion que tout un chacun se forme d'eux, en clair, leur vanité. Un cercle vicieux s'établit où des personnes déjà peu maîtresses d'elles-mêmes sont encouragées à le devenir encore moins.

---

1. Roussillon S., « Approche psychologique de la préparation des dirigeants », *in* Bournois F. et Roussillon S. (dir.), *Préparer les dirigeants de demain*, Éditions d'Organisation, Paris, 2000, pp. 53-82, cit. p. 63.

Cette dépendance psychologique se présente dans le cas des entreprises pour lesquelles les personnes dont nous brossons les portraits travaillent. Du fait de leur métier, de par la prégnance de leur marque, il est impératif de posséder un certain vernis culturel. Chacun cherche à montrer, plus ou moins consciemment, qu'il possède cette sensibilité et cherche à donner de soi la bonne apparence parfois plus qu'à contribuer aux résultats. Il s'établit, en conséquence, des codes vestimentaires particuliers et des comportements singuliers. Appartenir au groupe, c'est faire partie d'une élite et savoir le montrer. Dans ce contexte, la maîtrise de l'apparence donne un droit à l'erreur.

Ces mêmes entreprises sont par ailleurs des multinationales mais leur siège social est situé en France si bien que la culture managériale de la plupart des dirigeants reste française. Notamment, la prégnance de statuts, les références au temps de travail, l'élitisme du diplôme sont typiquement français. De même que pour la maîtrise de l'apparence, l'appartenance au petit nombre de ceux qui sont réputés avoir du potentiel, par leurs diplômes et leur parcours professionnel, donne aussi un droit à l'erreur. On se garde de se montrer désagréable entre pairs. Cette appartenance fonctionne comme un « joker ».

Au contraire, si vous n'en faites pas partie, vous aurez beau avoir des résultats excellents, votre performance sera tout juste remarquée. On constate ainsi une certaine dissymétrie dans la sanction des cadres. Il y a comme un système de « caste » fonctionnant au bénéfice des *happy few* : les actions même mineures des uns seront louées, les succès des autres seront pratiquement passés sous silence. Si bien que les premiers ne sont pas incités à chercher à progresser en vérité mais à cultiver leur habileté à paraître. Et les autres peuvent s'aigrir, leurs efforts et résultats n'étant pas reconnus.

Dans ce genre d'entreprise, il ne s'agit pas tant de se montrer compétent que d'avoir adopté la culture de l'entreprise et de ne pas trop déranger l'ordre établi. On obtient les clés de la promotion en respectant le *statu quo*. L'important dans les entreprises où prévaut une culture de la représentation, c'est d'être conforme. B. Jarosson[1] a pu relever que lorsqu'une personne est conforme mais non performante, elle a des chances d'être promue, ce qui renforce encore l'importance de la conformité mais ne concourt pas au développement de l'entreprise. Les non-conformes performants, eux, dérangent l'organisation. Leurs collègues se méfient d'eux et ne manquent pas de leur dresser des obstacles dès leurs premiers faux pas. L'entreprise a tendance à retenir ceux qui la représentent le mieux parce qu'ils se conforment à sa culture.

Les personnes ambitieuses jouent par vanité de ce phénomène. Elles retiennent ce à quoi l'entreprise accorde de l'importance. Elles font des effets d'annonce, avec le tact qui convient, et donnent ainsi l'impression de se démarquer du lot. Si on leur confie des tâches ardues, prudemment, elles changent de poste avant que les premiers résultats n'apparaissent. Au fond, qu'ont-elles fait ? Elles ont flatté l'entreprise dans son désir de réussite et ont puissamment contribué à leur carrière. Elles jouent de l'importance que l'image revêt aujourd'hui. J.-F. Amadieu[2]

---

1. Jarrosson B., *Conseil d'indiscipline, Du bon usage de la désobéissance*, Descartes et Cie, 2003.
2. Amadieu J-F., *Le Poids des apparences, beauté, amour et gloire*, Odile Jacob, 2005.

a analysé ce phénomène et affirme que l'apparence semble être aujourd'hui un facteur de réussite. Mais il constate aussi que les hommes et les femmes charismatiques ne sont pas lisses ou moyens. Ils adoptent, bien sûr, l'apparence que les circonstances exigent mais se distinguent par leur cohérence interne : les gens qui mettent en harmonie leurs paroles et leurs actions feraient adhérer à leurs projets, voire à leur personne ; les autres feraient simplement accepter des mesures qui, fondamentalement, restent conformes à ce à quoi l'entreprise est habituée. Il y aurait donc d'autres paramètres à prendre en compte que l'apparence. Nous tenterons d'en dégager un certain nombre plus loin qui nous apporteront des éclairages intéressants.

On pourrait croire que les gens intelligents sont exempts de ce défaut de conformité à la culture de l'entreprise et qu'ils sont à même de prendre du recul et faire changer les choses. Il nous semble que non. Il est à craindre, même, pour la plupart, qu'ils ne sortent pas vraiment de leur moule d'origine. C. Argyris[1] relève que les gens brillants ne sont pas forcément les plus apprenants : habitués au succès, ils ne savent pas toujours dépasser leurs barrières défensives, raisonner de façon productive ni garder un œil critique sur le rôle qu'ils jouent dans l'entreprise. Les dirigeants les plus brillants ne seraient pas ceux qui conduisent l'entreprise au succès. S. Filkenstein le constate aussi[2]. Les patrons de génie risquent de devenir victimes de leur prééminence personnelle. Ils n'acceptent

---

1. Argyris C., « Teaching Smart People How to Learn », *Harvard Business Review*, vol. 69, n° 3, mai-juin 1991, pp. 99-109.
2. Filkenstein S., *Quand les grands patrons se plantent*, Éditions d'Organisation, Paris, 2004.

plus la contradiction, n'arrivent plus à intégrer les changements et prennent alors des décisions irrationnelles. Les patrons ne peuvent pas se contenter d'être intelligents. Ils doivent aussi savoir faire preuve d'humilité, nous disons de modestie, pour créer une culture où les erreurs sont assumées. Nous allons y revenir.

Attardons-nous sur la logique de la conformité et sur la façon dont elle affaiblit la performance de l'organisation. Nous allons mettre évidence ce que des esprits neufs peuvent apporter à l'entreprise. Dans le sport d'équipe, c'est un point acquis, l'excellence collective repose sur la présence de personnalités marquantes, au jeu affirmé. De même en entreprise, les grands managers, contrairement à l'opinion générale, rassemblent des individualités marquantes et assignent à chacun un rôle particulier dans le fonctionnement de leurs équipes[1]. Dans ce contexte, la conformité n'est pas de mise et loin de devoir chercher à s'identifier à un profil idéal, le dirigeant se doit, au contraire, de connaître ses forces et faiblesses et travailler à son développement personnel.

C'est cette autonomie qui fait la force des autodidactes et rien ne le révèle mieux que les situations de crise. Les personnes soucieuses de leur réputation ont déjà quitté la maison quand le challenge se présente. Forts de leur confiance en soi et de leur ténacité, ils répondent à l'adversité comme ils l'ont toujours fait, en développant sur le tas, selon les occasions et par passion, les compétences dont ils ont besoin. Leur potentiel n'est plus à prouver et c'est l'intérêt de l'entreprise de savoir détecter et retenir, même si elles dérangent, des personnes qui ne

---

1. Buckingham M. et Coffman C., *op. cit.*, Village Mondial, 2003.

cherchent pas à briller ni à prendre la place d'autrui, des personnes motivées par la nouveauté du travail et les obstacles qui se présentent. Faudrait-il aller chercher le potentiel à l'opposé de la conformité ? Nous toucherions du doigt une source de compétences nouvelles.

La source de toutes compétences nouvelles

Définir le potentiel comme la probabilité de réussir dans un nouveau poste ne dispense donc pas de préciser le rôle que les compétences jouent dans l'affaire. Nous avons défini la compétence comme ce qui permet d'être performant dans la tâche ou la mission confiée. Nous pouvons définir le potentiel comme la capacité à développer les compétences qu'on ne détiendrait pas encore et sans lesquelles on ne sera pas performant dans le poste pour lequel on est promu, en bref, des compétences nouvelles, d'un degré supérieur à celles qu'on a mises en œuvre jusqu'à présent. Et nous pourrons l'analyser comme une attitude d'esprit attentive à tirer les leçons de l'expérience du travail réalisé.

Nous cherchons donc à savoir comment on acquiert ces compétences. C'est un lieu commun de constater que les sciences notamment s'acquièrent par l'étude et se conservent par un effort de la mémoire. On dit d'un élève qu'il est intelligent s'il comprend vite ses leçons et n'a pas besoin de beaucoup les répéter pour les apprendre. C'est un autre lieu commun que de constater que les procédés et tours de main s'acquièrent par l'apprentissage et se conservent par une pratique régulière. On dit d'un artisan qu'il est habile s'il trouve rapidement le geste qui convient.

C'est également un lieu commun de constater que les qualités du caractère se développent par l'expérience de la vie et se maintiennent par la pratique. On dit d'un homme qu'il est sage s'il régule son investissement émotionnel proportionnellement au plaisir qui l'anime dans l'action qu'il mène. Les savoirs s'acquièrent ainsi par l'étude et la répétition, l'apprentissage ou l'expérience de la vie, ce qui se fait d'autant plus aisément et rapidement qu'on est intelligent, habile ou sage. Et le potentiel consiste sans doute en l'intelligence, l'habileté et la sagesse qui permettent d'acquérir les savoirs requis par le poste ou la mission dans un délai satisfaisant l'entreprise.

Mais comme la compétence consiste en l'articulation des trois savoirs, il nous faut préciser aussi que c'est par l'expérience qu'on apprend à articuler d'une telle façon les savoirs que l'on vient d'acquérir. C'est, nous l'avons évoqué, par la pratique que l'homme de métier développe les procédés et tours de main qui composent son savoir-faire et intègre peu à peu dans ses gestes les savoirs qu'il mobilise dans sa production. C'est par la fréquentation des personnes avec qui il travaille qu'il apprend à les connaître, et à se connaître, et qu'il maîtrise peu à peu son comportement de façon à présenter le savoir être d'un professionnel. Et c'est grâce au retour d'information sur la valorisation que fait le consommateur de son produit et son professionnalisme qu'il décide de modifier son produit, ses procédés de fabrication et son comportement.

On comprend que cette articulation des trois savoirs est propre à chacun. Si la compétence ne comprenait pas de savoir être, il faudrait encore pouvoir partager l'expérience cognitive et l'expérience technique qui président à l'articulation des savoirs et des savoir-faire, ce qui n'est pas facile. Mais le savoir être est une dimension prégnante de la compétence. Il ne faut pas négliger l'importance de l'expérience comportementale dans l'articulation des trois savoirs, notamment l'expérience de soi et des autres, ni le travail sur soi qui en découle. Tout cela touche au plus profond de chacun, à sa personnalité. C'est donc à chacun de trouver l'articulation des trois savoirs qui assure la performance et valorise les savoirs. Il y a donc autant de façons d'être performant qu'il y a de personnalités. Chaque manager a développé sa propre personnalité et l'entreprise ne peut lui demander d'endosser une personnalité d'emprunt. L'important, c'est qu'il remplisse sa mission, que chacun, dans son équipe, déploie ses compétences et que tout le monde gagne en performance.

Il est pourtant habituel, lorsqu'on rédige une fiche de poste, de dresser la liste des compétences requises, du moins de décliner les savoirs des trois types qu'on juge indispensables à la performance dans ce poste. On se permet alors d'évaluer ces compétences, précisément de mesurer la précision et l'étendue des connaissances, la rapidité et l'efficacité des gestes, sans oublier la maîtrise de soi, précisément la maîtrise des facettes de son caractère. C'est qu'on n'imagine pas qu'il puisse y avoir d'autres façons d'être performant que celle que l'on décrit ou, ce qui revient au même, qu'on suppose qu'il n'y a pas d'autre savoir être professionnel que celui qui sous-tend cette façon d'être performant.

Une telle attitude peut couler de source pour les tâches d'exécution. Et elle peut être pertinente aussi pour les tâches d'encadrement où il s'agit de présenter un profil lisse, dépourvu de personnalité propre, prompt à appliquer les consignes de la direction. Il nous faut distinguer l'actualisation des compétences comportementales, les savoir être essentiels des fonctions de management, de l'acquisition des savoirs et savoir-faire requis par l'entreprise. Cette actualisation et cette acquisition ne s'opposent pas terme à terme. En effet, un moyen d'acquérir les savoirs requis peut être, dans certains cas, d'actualiser ses compétences comportementales. Mais elles peuvent différer l'une de l'autre par leurs processus. L'actualisation des compétences comportementales passe nécessairement par un développement personnel, au contraire de l'acquisition des savoirs requis par l'entreprise.

A. Bernard analyse le développement personnel comme « une évolution logique conduisant un être identifié à un état d'accomplissement supérieur [...] en exploitant ses potentialités d'évolution et de croissance[1] ». La question est de savoir quelle liberté l'entreprise doit laisser à son personnel dans la découverte de l'articulation des savoirs requis par le métier de l'entreprise et leur déclinaison en compétences. Elle peut prescrire un modèle et formaliser des procédures au risque de laisser en friche les potentialités de son personnel. Elle peut aussi laisser chacun tirer les leçons de ses expériences, quitte à ce qu'il redécouvre les façons de faire de ses prédécesseurs. Entre ces deux extrêmes, une voie intermédiaire peut être dégagée, qui laisse aux salariés la liberté de dévoiler leur personnalité et déployer leurs potentialités.

---

1. Bernard A., « Le développement de l'organisation : conditions et pratiques », *in* J.-P. Helfer, J. Orsoni (coord.), *Encyclopédie du management*, Éditions Vuibert, Paris, 1992, tome 2, pp. 161-188.

Mais il ne faut pas se tromper sur cette liberté. Il ne s'agit pas, pour le salarié de s'affirmer indépendamment des exigences du poste ou de la mission ni des attentes de l'entreprise. Il s'agit de découvrir ce qu'il peut faire compte tenu de son intelligence, de son habileté et de sa sagesse. Il nourrira son imagination des exemples qui se présentent à ses yeux, à commencer par les procédures de l'entreprise. Puis il la confrontera aux réalités dont il fait l'expérience. Il sera attentif à tirer les leçons de cette expérience et il veillera à les mettre en œuvre.

Nous venons de définir le potentiel comme l'intelligence, l'habileté et la sagesse qui permettent de développer des compétences nouvelles, d'un degré supérieur. Nous avons vu qu'au cœur du potentiel, il y a une attitude d'esprit, empreinte de souci de mieux faire, d'attention aux autres et d'ouverture aux leçons de l'expérience. Tout à l'opposé d'une logique de conformité guidée par l'ambition de paraître, le potentiel est mû par le désir de contribuer. C'est pourquoi il ne cesse de remettre en cause et profite de toutes ses expériences pour développer des compétences nouvelles.

Dans le cas du potentiel managérial, la dimension affective, voire émotionnelle, prend un relief tout particulier : les compétences comportementales jouent un rôle primordial quand il s'agit de ressentir les émotions de ses collaborateurs, d'apprécier la confrontation et de les diriger au mieux. Nous plaidons ainsi pour un élargissement de la notion d'intelligence à toutes les facettes du potentiel : il s'agit, bien sûr, de l'intelligence abstraite, développée à l'école et sur laquelle trop d'esprits brillants fondent leurs espoirs de carrière, mais aussi l'intelligence manuelle, l'habileté dont nous avons parlé, qu'il ne faut pas négliger, et surtout l'intelligence du comportement, la sagesse que nous avons évoquée, ou dans le vocabulaire contemporain, l'intelligence émotionnelle.

Chapitre 6

Les sources du potentiel : ambition et modestie

En matière de potentiel, l'attitude qui importe est celle qui permet de prendre du recul par rapport à sa performance, de ne pas nier les faits pour se protéger mais, au contraire, de les considérer dans leur réalité et de se demander ce qu'on aurait pu faire pour que les choses se passent mieux. Deux nouveaux portraits vont nous aider à mieux cerner cette attitude.

Eddy ou l'importance de la remise en cause

Eddy a suivi une école de commerce modeste selon les critères de son entreprise. Le champ de son poste, une zone quasi mondiale, lui donne une certaine expérience internationale mais il n'a jamais vécu à l'étranger ni développé des actions qui le confrontent, sur le plan du management des hommes, à des cultures étrangères.

Eddy fait preuve de compétence dans son poste actuel. Il cherche à approfondir ses compétences, voire trop car il hésite à passer à quelque chose de nouveau même s'il dit avoir d'autres ambitions. Il ne sait pas bien gérer l'innovation, reproduit des schémas déjà connus, a du mal à prendre des risques et craint de commettre des erreurs. Il a changé de poste tous les deux ans et demi en moyenne, un rythme normal pour un salarié à potentiel. Mais il est resté dans le même métier. Il a seulement changé d'environnement ou d'entreprise, des entreprises de plus en plus petites, pour ses trois dernières expériences. Cela signifie peut-être qu'il a rencontré des difficultés de plus en plus grandes pour atteindre ses objectifs. Mais cela peut aussi signifier qu'il a été contraint d'accepter, à chaque fois, dans sa recherche de mobilité des postes de moindre envergure.

Impeccable, toujours irréprochable, poli dans le premier contact voire obséquieux, il sait se faire repérer par sa hiérarchie mais pas toujours en bien à cause de nombreuses maladresses et d'une façon de se situer souvent inadéquate. Par exemple, à l'occasion de l'arrivée d'un nouveau dirigeant alors que ce dernier faisait le tour des locaux pour être présenté et visualiser le lieu de travail de chacun, Eddy l'a retenu pendant une demi-heure pour se présenter longuement, expliquer la stratégie de la structure, sans oublier sa situation personnelle. Opportunisme certes mais manque de bon sens : quelle impression favorable peut-on retenir à une prise de contact, quand, saturé de paroles, on ne peut plus tenir son horaire ?

D'une façon générale, Eddy parle à mauvais escient, tient un discours stratégique livresque sans prendre en compte les données élémentaires de son métier. En bref, si au premier abord il intéresse son interlocuteur, il lasse vite et se décrédibilise rapidement.

Eddy témoigne d'un fort optimisme quand il s'adresse aux autres et d'une ambition forte pour son entreprise qu'il souhaite partager et communiquer. Il présente une capacité à se mobiliser, au sens commercial, d'où, sans doute, une part de succès dans son métier. Il présente une forme de naïveté positive qui confine à un manque de réalisme. Il s'attache à son rêve et ne se laisse pas démonter par les échecs. Il les traverse et poursuit sa route avec cette forme de ténacité inconsciente. Par exemple, lors d'une réorganisation, il est intervenu auprès du président de la société puis de celui du groupe pour se faire connaître. Sa structure devait être restructurée et externalisée. Il a pris en main la gestion de sa mobilité trop tôt et sans doute avec quelques maladresses car il n'a pas eu la mobilité qu'il espérait.

Son comportement quotidien ne présente pas d'écart sensible. Eddy contrôle son stress, notamment. Son management est très hiérarchique. Il est distant. Il joue un rôle. Il manque d'intuition. Il rationalise sans toujours bien prendre en compte tout ce qui se passe autour de lui. Il y a comme un clivage entre lui et les autres : face à une situation ambiguë, il réagira très différemment s'il est ou non remis en cause. Il fait preuve de courage dans ses relations avec les partenaires extérieurs. Il sait expliquer la situation avec optimisme et mobiliser ses troupes. Mais s'il est remis en cause, il se fige, manque de réalisme, perd en efficacité. D'une façon générale, il n'a pas vraiment le sens de l'équipe et demeure fortement centré sur ses propres objectifs. Dans son métier de commercial non sédentaire cette attitude est plutôt un atout. En revanche, cela peut l'empêcher à terme d'évoluer vers une fonction plus large ou une responsabilité managériale.

Eddy est un gestionnaire rigoureux : il sait gérer les coûts, en tenant compte de l'évolution du chiffre d'affaires, et maintenir de bonnes relations commerciales quel que soit le contexte. Mais ces compétences ne le transforment pas en un manager, du moins aux yeux de sa hiérarchie. D'où la régression de sa carrière et un décalage entre ses aspirations et la réalité de son parcours. En entretien de mobilité, il parle avec amertume et se réfère avec abondance à ses titres, ses positions hiérarchiques, etc. Il y a chez lui un fort besoin de reconnaissance. Certes, dans son bilan individuel il fait sien les objectifs de l'entreprise. Il s'assimile à elle. Mais c'est pour mieux rebondir, sans se remettre en cause. En bref, le cas d'Eddy le montre, sa fusion avec l'entreprise ne suffit pas à transformer une compétence métier en un potentiel de manager. Sa maladresse relationnelle l'en empêche même s'il se le cache par sa naïveté et son optimisme. Et on ne voit pas comment il pourrait progresser tant qu'il ne se remettra pas en cause.

Monique ou les limites du potentiel

Monique a su se donner une apparence conforme aux canons de son entreprise. Bonne professionnelle, elle a connu malgré une absence de diplôme et de mobilité une progression de carrière certaine, quoique lente (elle est restée en moyenne un peu plus de cinq ans par poste).

Elle a de la volonté et le désir d'apprendre. Elle a suivi des formations. Elle a surtout de l'ambition.

Sa compétence métier est reconnue par tous et Monique l'a confirmée dans un champ qui s'est élargi au fur et à mesure de ses promotions. Mais le fait est qu'elle n'a jamais changé de métier ni apporté de changements significatifs, en termes de performance, là où elle est passée. Sa volonté d'apprendre rencontre des limites. Elle est consciencieuse, s'investit dans son travail, fait preuve de rigueur. Elle ne semble pas s'ennuyer dans l'accomplissement d'un travail quelque peu répétitif.

Elle est manifestement à l'aise dans les tâches administratives et quotidiennes. Elle manque de brio. Elle a du mal à se projeter dans le futur. Elle n'est pas à l'aise en situation de changement. Elle a du mal à s'adapter aux évolutions. Elle accentue alors sa rigueur, se referme. D'une façon générale, Monique ne semble pas ouverte aux idées nouvelles ni aux innovations. Il y a chez elle une forte émotivité. Elle est tendue par les enjeux et rapidement anxieuse. Elle manque de confiance en elle. Le stress l'empêche de réfléchir : elle a peur de se tromper. Elle a besoin de temps pour prendre une décision.

Analysons le comportement de Monique et demandons-nous si elle aurait quelques dispositions au management. Sa rigueur lui fait apprécier les process, ce qui peut être utile dans le management à distance. Elle ne sait pas très bien comment motiver ses collaborateurs. Son stress latent ne lui permet pas d'entretenir une relation saine avec eux : soit, par affinité affective, elle entretient une relation privilégiée aussi fragile que son fondement ; soit, cas le plus fréquent, elle ne fait pas vraiment confiance et verse dans l'autoritarisme. Dans un cas comme dans l'autre, elle a du mal à déléguer et travaille plutôt de manière individuelle. Elle préfère s'assurer par elle-même que tout se passe bien, quitte à tout contrôler. Elle fait preuve de sévérité et tend à faire plus de reproches que de compliments. Elle a du mal à dépasser le quotidien. Elle ne communique pas beaucoup d'enthousiasme et son équipe ne perçoit pas chez elle beaucoup de charisme.

Que survienne un conflit, Monique ne sait pas le gérer : elle se tend, se met une carapace par crainte d'être controversée et ne devine pas comment rebondir. C'est que, manquant de confiance en elle, elle se tient sur la défensive tant vis-à-vis de sa hiérarchie que de ses pairs ou subordonnés. Dans sa peur de se tromper, elle s'attache à des éléments qui sont manifestement des préjugés ou des simples impressions. Elle se trompe ainsi elle-même sur l'essentiel et ses jugements sont parfois mal étayés. Elle intervient quelquefois à tort ou à contretemps, plutôt d'une façon tardive.

Tout ceci limite son écoute et sa capacité à trouver des solutions. D'une façon générale, elle ne laisse pas de place au dialogue. Elle a du mal à accepter des approches différentes de la sienne et elle ne laisse pas ses collaborateurs chercher leur propre voie. Cette attitude va jusqu'à écarter des personnes ayant une approche des situations ou un mode de travail trop différents des siens. Et, craignant sans doute pour son poste, elle écarte tout élément de bon niveau susceptible de la remplacer à terme.

Monique a du mal à se remettre en cause. En entretien, quand il s'agit d'analyser sa performance, elle évoque, en cas de difficulté, plus le contexte qu'elle-même. Elle ne reconnaît pas ses erreurs, les rejette sur les autres et cherche à valoriser sa contribution. Elle ramène à elle les réussites. On sent comme un besoin de se rassurer et de se faire reconnaître. Elle semble trouver sa sécurité non en elle-même mais dans l'attention que sa hiérarchie lui accorde.

En entretien encore, elle mentionne avec emphase les titres des postes qu'elle a occupés. Elle parle plus de situation sociale ou de position hiérarchique que des actions qu'elle aurait entreprises et des résultats qu'elle aurait atteints. Par exemple, elle évoque avec plaisir les personnes en vue avec qui elle a eu de bonnes relations. On sent comme un fort besoin de progression sociale, une tension pour se faire reconnaître.

Toutes ces attitudes sont conformes à la culture de son entreprise. Monique a su se mettre en valeur malgré l'absence de diplôme et de mobilité et elle a connu une certaine progression de carrière. Il ne nous semble pas pour autant qu'elle ait du potentiel : si elle a approfondi ses compétences métiers, elle n'a pas conscience de ses limites et des progrès qu'elle pourrait faire.

Luc, Eddy et Monique ou l'ambition mal placée

Revenons à Luc, dont nous avons brossé le portrait au premier chapitre. Et comparons son cas à ceux d'Eddy et Monique que nous venons de découvrir. Aucun des trois ne semble faire preuve de talents managériaux avérés quoiqu'ils aient tous fait jusqu'à maintenant une assez belle carrière. Tâchons de comprendre pourquoi.

Luc, nous ne l'avons pas assez dit, est de nature anxieuse, ce qui l'amène à des comportements craintifs et parfois agressifs. Il n'a pas transformé sa formation initiale, ne s'est pas adapté professionnellement au contexte de l'entreprise. On ressent comme un décalage entre ses approches intellectuelles et rationnelles, d'une part, et sa composante intuitive et affective, d'autre part.

Ce décalage l'empêche d'arriver à un niveau de gestion, de management et de relation, qui permettrait de le considérer comme un réel potentiel. Il a évolué en entreprise grâce aux compétences que lui confèrent sa formation et sa technique professionnelle. Mais ces points forts ont atteint aujourd'hui leurs limites. Il s'est conformé à la culture de l'élitisme et ne réussit pas à dépasser ce cadre. L'entreprise reste pour lui un élément normatif qui lui fixe des règles. Mais il s'en fait un carcan.

Il garde pourtant de la curiosité d'esprit mais ses apprentissages restent abstraits. Il s'agit, le plus souvent, de culture générale, d'histoire notamment. Il lit beaucoup, cherche à briller. Il est dans une tout autre logique que celui qui cherche à développer des compétences nouvelles. Il n'est pas dans une logique de développement personnel ou professionnel. Il se cultive.

Il considère son environnement avec une certaine supériorité intellectuelle. Il est resté dans le schéma élitiste des grandes écoles. Il se valorise ainsi et acquiert une certaine forme de pouvoir par cette attitude. Il ne peut, dans ces conditions, porter un regard réaliste sur sa performance ni se remettre en cause. Il est loin d'être modeste.

Eddy présente, nous l'avons développé, une forte capacité à se mobiliser, au sens commercial. Cette attitude est liée à un manque naïf de réalisme. Il ne se laisse pas démonter ou freiner par les échecs. Il les traverse, poursuit sa route avec ténacité et inconscience. Mais tire-t-il pour autant les leçons de ces expériences ? Il ne semble pas changer d'attitude. Son cas nous invite à distinguer entre les apprentissages que conduisent à adopter la motivation de faire carrière, d'une part, et celle de contribuer à l'entreprise, d'autre part. Eddy est sans nul doute animé d'une envie d'en savoir toujours plus. Mais se remet-il en cause de façon à améliorer son comportement ? On peut en douter. Il adhère clairement à la culture de son entreprise. Il s'assimile presque à elle. Mais tout cela est exagéré, exacerbé par son besoin de se mettre en avant. Il veut qu'on le remarque et il s'impose, nous l'avons vu, avec maladresse.

Monique, comme Eddy, a de l'ambition et la volonté de progresser, d'une façon permanente. Cette volonté se concrétise dans l'exploitation constante des occasions d'apprentissage, mais là aussi, plus en termes de savoirs abstraits que de comportements. Elle se tend dans son besoin de reconnaissance pour répondre aux attentes de ses interlocuteurs. D'où sa peur de l'échec, son stress et les défauts de son management. D'où aussi, une certaine forme de mauvaise foi : elle n'admet pas de se voir remise en cause, elle refuse de reconnaître ses insuffisances. Symétriquement, en cas de réussite, elle s'attribue la performance sans procéder à une quelconque analyse. Avec une pareille attitude, elle est incapable de progresser dans son comportement.

Luc, Eddy et Monique sont suffisamment intelligents pour comprendre les situations qu'ils vivent. Ils ne changent pas pour autant de comportement. Ils pourraient comprendre sur quels points ils peuvent améliorer leurs compétences comportementales et accélérer leur carrière en contribuant mieux à leur entreprise. Mais un blocage les en empêche. L'ambition de faire carrière les rend aveugles, la culture de l'élitisme a dressé une barrière. Ils savent qu'ils s'y conforment, chacun à leur façon. Ils se sentent irréprochables au regard des exigences qu'ils se sont données. Leurs expériences professionnelles viennent contredire ces schémas et ils ne se remettent pas en cause pour autant. Ils critiquent plutôt les autres. Chez eux, rien ne respire la modestie.

Insistons encore sur ce qui distingue l'intelligence abstraite de la maturité du comportement ou sagesse émotionnelle. La première a pour objet les savoirs généraux ou théoriques et le système scolaire français est passé maître dans l'art de la développer. C'est l'un des piliers de la culture française de l'élitisme que Carlos Ghosn, qui la connaît de l'intérieur, a exprimé en ces termes : « Le modèle, c'est le gars le plus sioux qui va résoudre de la manière la plus facile le problème de maths le plus complexe. Plus c'est abstrait, plus c'est apprécié. [...] L'important c'est d'exceller dans cette gymnastique intellectuelle [...] Cela vous pousse à vous dépasser tout le temps [...] Ce que vous apprenez ne vous servira peut-être pas à grand-chose mais il faut le maîtriser mieux que les autres[1]. » La seconde porte sur les savoir-être. C'est cette forme d'intelligence qui nous fait sentir dans les relations tissées avec autrui la façon opportune de nous comporter. Il n'est rien de moins évident : il s'agit de nous connaître, de connaître les autres. Seule l'expérience de la vie nous l'apprend. Encore faut-il être attentif à ces leçons. Encore faut-il accepter avoir quelque chose à apprendre de l'expérience de la vie.

---

1. Ghosn C. et Riès P., *Citoyen du monde*, Grasset, Paris, 2003, cit. p. 59.

La liberté intérieure des véritables dirigeants

Les cas de Luc, Eddy et Monique invitent à réfléchir à l'influence que la culture de l'élitisme peut avoir sur le développement des compétences. Il est clair que l'importance qu'ils accordent à la représentation les a incités à négliger le travail sur soi qu'exige l'évolution professionnelle à laquelle ils aspirent. Mais ils pourraient ne pas adhérer à cette culture. Il nous faut comprendre pourquoi ils s'y soumettent et pourquoi, ambitieux comme ils sont, ils cherchent à faire carrière en l'emportant sur les autres mais non à contribuer à l'entreprise en développant leurs compétences. En quelque sorte, c'est par rapport aux autres qu'ils fixent leurs objectifs non par rapport à eux-mêmes.

Il y a là une logique de concours, de positionnement en référence aux autres plus que par rapport à leurs propres désirs. Leur motivation se décline sur le registre de l'envie, non de l'accomplissement de soi. Certes, dans l'entreprise, nous l'avons vu, la culture de la représentation fait que la carrière de chacun dépend, pour partie, des opinions des autres. C'est en effet une affaire de réputation. Mais ce n'est pas pour autant qu'il faille épouser les motivations de ceux qui donnent le ton. Il est sans doute possible de rester libre intérieurement tout en renvoyant une image adaptée. Les différents portraits que nous avons brossés révèlent les effets pervers de la culture de l'élitisme.

La question se pose dès l'éducation reçue dans la famille. Les parents peuvent pousser leurs enfants à l'ascension sociale, à travers un diplôme, une carrière, la course aux honneurs et, par extension, aux richesses. Ils peuvent également leur donner la liberté de développer leurs potentialités en les affranchissant des exigences que la société du paraître fait peser sur eux. Ils s'inscrivent alors dans une logique de développement personnel et professionnel.

L'orientation donnée à l'éducation rendra l'enfant, puis l'adulte, plus ou moins influençable, du moins sensible, à l'opinion d'autrui, précisément à l'image qu'autrui se fait de lui. L'expérience de la vie et la maturité pourront cependant modifier cet effet de l'éducation. Les personnes sensibles à l'opinion d'autrui ont besoin d'être rassurées par des approbations. Elles n'osent pas se démarquer de celles qui donnent le ton, tant en termes de mode de vie, et de train de vie d'abord, que d'image de soi, à commencer par la carrière. Elles éviteront par-dessus tout de paraître décalées par rapport à la culture dominante mais elles auront posé autant de limites à leur développement. *A contrario*, il faut un certain courage, voire une certaine indépendance d'esprit, pour se démarquer, prendre le risque d'être mal jugé, et explorer des voies nouvelles. Il faut aussi une certaine indépendance de caractère. Ce qui importe, c'est la liberté intérieure qu'on se donne face à son style de vie et à sa réputation.

Il nous semble donc qu'être trop sensible à l'image pour un dirigeant, même dans une entreprise marquée par la culture de la représentation, peut s'apparenter à un manque de compétence. En effet, la capacité à défendre un point de vue, à être seul face aux autres, permet, par exemple, de transmettre des messages difficiles et, en général, d'assumer ses responsabilités. La personne qui dispose d'un tel courage managérial peut alors aborder les problèmes, mener un changement, etc. Carlos Ghosn confirme notre point de vue quand il affirme qu'« il y a un niveau de responsabilité à partir duquel, ce qui compte, c'est l'homme. Ce n'est pas tellement son expertise. C'est sa capacité à comprendre, à écouter, à motiver, à simplifier, à mobiliser. Les diplômes vous y aident mais il n'y a rien qui empêcherait quelqu'un venu de la base d'y exceller[1] ».

Mais le seul fait de mener un changement ne suffit pas pour révéler ce courage managérial. Il est clair que le courage managérial consiste à affronter l'opinion de ceux qui donnent le ton dans l'entreprise, concrètement de ceux qui décident de votre carrière. Il est facile de prévaloir sur ceux qui n'ont pas leur mot à dire. Un potentiel véritable, une fois nommé à des postes de direction, ne développera pas de tels comportements. Il était animé par le développement de ses compétences et non par l'ambition de l'emporter. Modeste, il était et reste libre intérieurement de l'image du potentiel partagé par tous dans l'entreprise. Il demeure également libre intérieurement du management mis en œuvre par la direction. Rien ne l'empêche, hier comme aujourd'hui, d'adapter son comportement en fonction des leçons qu'il tire de ses expériences.

La preuve par Charlotte

Luc, Eddy et Monique ne sont pas libres au fond d'eux-mêmes. Ils ont de l'ambition, mais plus l'ambition de faire carrière que celle de contribuer au résultat de leur

---

1. Ghosn C. et Riès P., *op. cit.*, p. 368.

entreprise. Ils sont de dignes représentants de la culture élitiste à la française. À l'opposé, le cas de Charlotte nous intéresse. Voici une personne qui semble modeste, quoiqu'elle soit en phase avec la culture élitiste, et qui fait carrière comme une brillante suiveuse, sans trop développer de nouvelles compétences.

Charlotte, en fait, n'est pas modeste. Elle est discrète. C'est sans doute un acquis de son éducation. Elle ne se met pas en avant. Il semble qu'elle manque de la volonté d'aller plus loin. Elle préfère demeurer membre d'un groupe plutôt que d'en prendre le leadership ou de se mettre en avant. Elle est animée d'une logique de partage qui l'amène à s'effacer derrière les autres. En ce sens, elle est discrète.

Sa discrétion ne l'empêcherait pas d'être modeste. Mais son ambition est liée au schéma culturel français selon lequel un diplôme X ouvre telle carrière Y. Et cette ambition, il n'est pas sûr qu'elle corresponde à un besoin profond de mettre en œuvre, de prouver, de faire avancer ou de laisser une empreinte dans l'organisation. Elle découle plutôt de l'influence de son milieu culturel. Intelligente et appliquée, Charlotte a fait une bonne école. Il serait normal qu'elle fasse une bonne carrière. Mais elle n'a pas envie de s'y engager. Elle est dépourvue de l'esprit d'entrepreneuriat, de réussite, qui anime d'habitude les dirigeants, voire de leur énergie caractéristique.

Charlotte peut parler de sa performance d'une façon détachée. Elle ne lui tient pas à cœur. C'est tout naturellement qu'elle reconnaîtra la part prise par les autres dans la réussite commune. Elle est discrète et s'efface volontiers. C'est sans trop de tourment intérieur qu'elle reconnaîtra la part qu'elle a prise dans l'échec commun. Ce n'est pas vraiment son affaire. Elle peut tenir un discours apparemment modeste sur sa performance. Mais ce discours serait réellement modeste si cette performance lui importait et s'il transcrivait l'attention qu'elle porterait à ce qui dépend d'elle dans la réussite commune.

Peut-être a-t-elle l'étoffe d'un coleader au sens qu'en donne Maurice Thévenet : « Les coleaders n'ont pas forcément l'ascendant et la volonté de direction ou de domination [...] cela peut correspondre à des personnes qui préfèrent agir sans être sous les feux de la rampe, dans le confort de la discrétion mais le réconfort de la réalisation. Il y a une vie de management en dehors du leadership. Les coleaders ne sont pas obligatoirement extravertis, mais leur équilibre personnel, leur considération des autres, leur intelligence sociale, en font des personnages indispensables qui trouvent leur satisfaction en dehors de la notoriété et des premières places[1]. »

Il n'est pas évident que Charlotte soit un coleader même si elle en a l'effacement. Elle n'est pas animée d'un profond souci du résultat. Ne nous étonnons donc pas qu'elle ne profite pas de toutes ses expériences pour approfondir ses compétences. Ces compétences ne lui serviraient à rien. Elle ne cherche pas à être performante. Elle participe discrètement à l'activité du groupe. Et elle mène la carrière que la culture française du diplôme lui accorde, mobilité comprise. Au regard de son cas, on pourrait souhaiter que les grands groupes, notamment, ne se contentent pas de considérer le diplôme ou, plutôt,

---

1. Thévenet M., *Management, une affaire de proximité*, Éditions d'Organisation, Paris, 2003, cit. p. 123.

acceptent de varier les profils de leur « vivier » de jeunes cadres à haut potentiel. Cette politique éviterait les phénomènes de caste si prégnants en France.

Des cas que nous avons exposés jusqu'à maintenant, Charlotte est la seule personne à parler avec modestie de sa performance. Mais nous venons de voir qu'en fait, elle n'est pas modeste : elle est plutôt discrète, sans ambition marquée, indifférente à sa performance. Luc, Eddy et Monique sont loin d'être modestes. Ils manquent de la liberté intérieure ou de la maturité qui leur permettent de se détacher de la culture française de l'élitisme. Aucun des quatre ne se développe sur le plan comportemental, Charlotte parce que ce n'est pas son affaire, les trois autres car un aveuglement intérieur les empêche de se remettre en cause.

Il ne s'agit pas d'être discret, comme Charlotte. Sa bonne éducation cache un manque d'ambition. Il ne suffit pas, comme Luc, Eddy et Monique, d'être assez intelligent pour comprendre les situations que l'on vit. Il faut être modeste pour accepter de se remettre en cause, tirer les leçons de ses expériences et développer ses compétences. La culture de représentation, valorisant la volonté de se mettre en avant, étouffe la modestie et tarit la source du potentiel. Être modeste serait un préalable au potentiel.

C'est un point acquis dans le sport notamment. Qui ne se souvient de la victoire remportée par l'équipe de France à la Coupe du monde de football de 1998 ? Un challenge réussi ! Aimé Jacquet, l'entraîneur, pouvait affirmer à ses lendemains que « la France découvre que le travail, l'humilité, la conviction et un peu moins "d'emballage" (les apparences et le mirage télévisuel) paient[1] ». Ce que confirme l'analyse des grands coachs sportifs que fait Lionel Bellenger : « Des convictions alliées à de la modestie et l'ardeur au travail permettraient de se positionner dans un apprentissage et une amélioration permanents[2]. »

---

1. Cité par Bellenger L., *Comment managent les grands coachs sportifs*, ESF, 2003.
2. Idem.

Chapitre 7

Trois portraits gagnants

Nous venons d'affirmer que la modestie est un préalable au potentiel. C'est du moins le propos d'étape que les cas de Luc, Eddy et Monique nous inspirent. Brossons donc de nouveaux portraits, les portraits gagnants de trois personnes présentant chacune le diplôme et la culture internationale exigés par leur entreprise mais fortes, toutes les trois, de l'envergure managériale qui permet de dire qu'elles ont du potentiel. Leur potentiel trouverait-il sa source dans leur éventuelle modestie ?

Lynn ou les bienfaits de l'intelligence

Sino-américaine par ses parents, mariée à un Français, Lynn n'a jamais cessé de baigner dans des cultures différentes. Elle s'adapte facilement à de nouveaux univers, en les comprenant en profondeur, mais reste attachée à ses racines. Elle dispose d'une double formation internationale et présente ainsi les signes apparents du potentiel retenu par son entreprise. Et tout au long de son parcours, elle a développé des compétences réelles sur les plans de la technicité et des process de son métier. Sa progression ne fait que commencer.

Sa triple culture lui a apporté de la pondération. Il y a comme une opposition entre ces cultures et Lynn en a retenu le meilleur : elle dispose notamment tout à la fois de l'art de communiquer propre aux Américains et de la discrétion asiatique qui ne cherche pas à s'imposer. Sans doute, confrontée tôt à cet écart d'approche, elle a appris à se connaître, à devenir elle-même. Elle sait travailler avec des gens d'horizons culturels ou de métiers différents. Elle n'a d'*a priori* sur personne. Elle s'est forgé un style propre, solidement assis, et sa personnalité est bien marquée. Elle évolue aisément dans le contexte de son entreprise empreinte d'élitisme à la française. Elle n'a jamais été impressionnée ni par les paillettes ni par le pouvoir. Elle n'a jamais cherché à briller, par exemple à donner des interviews ou apparaître en photo dans des magazines *people* alors qu'elle le pourrait facilement.

Lynn se concentre sur ses objectifs professionnels tout en étant extrêmement attentive à maintenir un équilibre entre sa vie professionnelle et sa vie personnelle. Elle est structurée et organisée. Énergique, active, sa contribution est efficace. Ses décisions témoignent de sa compétence métier. Elle rebondit, fait preuve d'ambition. Elle porte sur sa performance un regard modeste même si, par habitude culturelle américaine, elle a appris à « marketer » ses résultats.

Sur le plan du management, elle fait preuve de bon sens, de pragmatisme. Elle observe puis agit. Elle cherche avant tout à résoudre les problèmes qui se posent. Même si son caractère est bien trempé, elle sait se remettre en cause et reconnaît aisément ses erreurs pour repartir sur des bases solides. Elle présente encore quelques difficultés en cas de conflit avec une personne de son équipe. Elle peut faire appel au jugement de ses pairs pour disposer d'un regard différent du sien. Elle sait partager sans ressentir d'enjeu de pouvoir.

Lynn apprécie de diriger un groupe. Elle a une vision suffisamment large des situations. Son comportement est globalement adapté aux contextes. Elle communique aisément, suscite facilement la confiance et mobilise ainsi ses équipes. Elle recherche l'adhésion et coordonne les efforts de chacun de façon à progresser ensemble. Tel serait son leadership. La limite serait une certaine précipitation dans l'action et alors un manque de synthèse. Ses points forts sont le management à distance, le sens politique et la gestion des paradoxes. Ces compétences lui sont particulièrement utiles car elle supervise une équipe mixte de créatifs et de gestionnaires, dont une partie travaille à l'étranger.

Avec Lynn, nous découvrons la véritable valeur ajoutée d'un diplôme et d'une dimension internationale bien intégrés : elle a développé une réelle compréhension interculturelle et le style de management adapté. Elle a fait preuve de performance, tant sur le plan de la maîtrise de son métier que sur celui du management. Et sa contribution à l'entreprise laisse penser qu'elle est capable d'assumer un poste de direction. Elle présente manifestement du potentiel.

Juan ou la découverte de la modestie

Juan sort de l'une des grandes écoles de commerce française les plus prestigieuses. Sa carrière est cohérente avec ce cursus. Il a vécu notamment une importante réorganisation et a su, à cette occasion, prendre un poste supérieur ainsi qu'une mission complémentaire. Ce poste et cette mission lui ont offert une deuxième expérience internationale et il en a profité pour apprendre une quatrième langue. Il a prouvé, à cette occasion, ses compétences managériales. Il a su rester suffisamment longtemps dans ses postes successifs pour y apporter à chaque fois une contribution réelle. Il est fier de sa carrière.

Du fait du prestige de son diplôme et du brio de son parcours, Juan est fréquemment sollicité par les chasseurs de têtes et même actuellement en interne, pour une mobilité entre les sociétés de son groupe. Et comme il est à l'affût des opportunités, il pourrait avoir tendance à penser à changer un peu vite de job ou de mission. Cette attitude conforte sa volonté d'apprendre – il multiplie les expériences – mais présente aussi des limites car il s'assoit difficilement dans un poste, même s'il ne cherche pas à faire des coups d'éclat mais plutôt à s'inscrire dans une stratégie de long terme.

Juan a de réelles capacités de négociation. Il estime les contacts humains, il aime relever des challenges nouveaux. Il apprécie avoir une marge de manœuvre et mener plusieurs missions à la fois. Il ne complique pas les process. Il peut avoir tendance à se disperser. Il ne ménage ni son temps ni sa peine. Il se montre à la fois pragmatique et conceptuel. Il fait preuve de curiosité d'esprit, assume ses responsabilités. Il n'est pas gêné par des contextes flous. Il n'aime pas les solutions toutes prêtes ou trop structurées. Il approfondit chacune des missions qui lui sont confiées.

Juan présente des capacités naturelles de management. Il aime diriger une équipe. Il fait preuve de convivialité, au détriment parfois d'une certaine discrétion. Son enthousiasme l'aide à faire partager avec optimisme les objectifs de l'entreprise. Il sait faire preuve de charisme. Il a parfois une approche un peu trop affective des situations. Il risque de se montrer parfois un peu arrangeant. Mais il sait tempérer ce défaut avec l'aide de sa hiérarchie ou de ses pairs. Il est en mesure de manager à distance, plus par le contact qu'il établit que par l'organisation qu'il met en œuvre. La qualité de ses relations interpersonnelles est son atout majeur.

Il n'est pas toujours aussi disponible qu'il le faudrait, ce qui ne facilite pas l'avancement de projets. Il est ouvert aux suggestions de ses collaborateurs. Il leur donne facilement de l'autonomie et des responsabilités. Il a tendance à gérer son équipe comme il voudrait qu'on le fasse pour lui, « la bride sur le cou », au risque de s'apercevoir un peu trop tard des insuffisances et des ratés. Son défaut serait de ne pas assurer un suivi rigoureux. Mais il n'hésite pas à faire des points précis, individuellement et collectivement. Il fait alors preuve de courage managérial. Il réussit à motiver ses collaborateurs et sait tirer le meilleur d'eux-mêmes.

Juan sait prendre des décisions de qualité. Il ne compte pas alors son temps. Il se renseigne, lit la presse spécialisée et compare sa situation à celles de ses concurrents. Il sent ce qui se passe autour de lui. Il mesure les avantages et inconvénients. Il sait faire la part des choses. Il dispose d'une vision claire des perspectives. Il fait preuve parfois d'affectivité, ou plutôt d'intuition, mais ne s'y attache que dans la mesure où elle est validée par la suite. Il s'emballe et s'éparpille parfois mais retrouve rapidement l'axe directeur. Il démontre dans le temps une bonne constance. Il sait mobiliser son équipe sur des séances de créativité, favoriser le partage des idées et en tirer des axes de travail communs. Il n'apporte pas d'anticipation ou d'originalité mais plutôt une bonne analyse et une décision satisfaisante qui mobilisent tout le monde.

Le regard que Juan porte sur lui est en train de changer ainsi que ses attentes. Motivé par l'argent, il s'enthousiasmait facilement et s'impliquait dans son poste en proportion de ses attentes. Il était dans une logique contribution/rétribution. Il désirait clairement faire carrière et ne manquait jamais de s'attribuer les bons résultats de ses équipes. Il s'attachait à les valoriser tout en minimisant les difficultés. Il a conservé cette attitude mais, quand on insiste, il dévoile une analyse plus complète qu'auparavant. Une certaine lucidité se cache ainsi derrière un optimisme de façade. Et ses progrès trouvent sans doute leur source dans cette lucidité.

Depuis que nous le connaissons, il a gagné en modestie. Maintenant, il porte sur son parcours un regard positif sans satisfaction exacerbée ou amertume particulière. En cas d'échec comme de réussite, il regarde à la fois sa contribution et le contexte, avec simplicité et détachement, sans chercher à se justifier. Il a gagné en sérénité au fil du temps. Il a pris du recul par rapport à ses attentes et sait maintenant se mettre en cause d'une façon productive. Il ne cherche plus tant à faire carrière à tout prix et il a compris que sa réussite professionnelle passe par celle de son entreprise. Il prend plaisir à y contribuer. Il a développé son potentiel.

Alors qu'il se dispersait par besoin de prouver, d'occuper le terrain pour montrer qu'il était capable d'agir, Juan a progressivement posé son comportement. Il se montre moins impatient tout en continuant de travailler avec acharnement et sérieux. Il a élargi la logique contribution/rétribution au travail d'équipe. Il a appris à écouter et à mettre en œuvre une veille permanente sur sa propre performance. Il appelle régulièrement la concurrence pour faire un point business. Il écoute, ouvert et prêt à revoir ses plans ou son fonctionnement. Il a structuré son action et s'est centré sur les objectifs fixés. Il s'est ainsi doté d'une vision à long terme cohérente avec ses aspirations à court terme.

Diplôme renommé, expérience internationale approfondie, les signes apparents du potentiel sont réunis. Brio, intelligence, optimisme, Juan a tout pour réussir. Il fait carrière et contribue de mieux en mieux à son entreprise. Il a tempéré son ambition et appris à se remettre en cause. Devenu modeste, il prend mieux en compte les leçons de l'expérience et ne cesse de développer des compétences nouvelles.

Le portrait de Juan illustre bien la part de coaching que le management comporte de plus en plus. Il ne s'agit plus dans l'entreprise de s'organiser avec méthode et discipline, au risque de ne rester que logique, cloisonné, cohérent. Il est nécessaire de coopérer, donc d'apprendre à s'ajuster, à communiquer, à s'affronter, à réguler, à faire preuve de créativité, d'astuce. Bref, à se mettre en mouvement en comprenant le sens que l'on donne à ses efforts, en ayant en tête ce vers quoi on veut aller et au nom de quoi on le fait. Cette vision dynamique de la vie, en opposition à un monde plus figé, conservateur, peut être facilitée par un accompagnement. Le coach se donne pour but de contribuer à l'autonomie et à la conscience de la personne qu'il accompagne. Comme pour le sportif qui côtoie les extrêmes, il s'agit d'apporter au manager les repères qui lui manquent quand il faut se dépasser.

Naoko ou les triomphes de l'ambition modeste

Naoko est, elle aussi, diplômée d'une grande école de commerce française. Elle dispose également d'une expérience internationale dans des pays à la culture très marquée ce qui lui a permis d'en approfondir une compréhension réelle. Elle a tout vu et tout fait, du conseil de haut niveau au management général, en passant par les achats, tant dans l'industrie qu'en grand cabinet international, toujours avec succès. Ses expériences sont toujours abouties et elle ne change de poste qu'au terme de sa mission. Loin de témoigner d'une fuite en avant, elle cherche clairement à consolider les compétences qu'elle vient d'acquérir. Elle travaille dans une logique de long terme.

Sa carrière dans son entreprise actuelle semble pourtant atteindre un plateau : ses dernières expériences se situent dans des contextes similaires avec peu de changement et Naoko n'a pas eu, du fait d'un profil pointu, de vastes perspectives d'élargissement. Pourtant sa performance dans l'entreprise est réelle et reconnue. Mais son supérieur hiérarchique la bloque dans son évolution. Sans doute tient-il à la garder pour garantir la performance de l'entreprise. Sans doute aussi n'apprécie-t-il pas le courage avec lequel elle lui exprime, de temps en temps, son opinion : il est connu pour ne pas accepter la contradiction. Il ne considère pas qu'elle a du potentiel, au contraire de certaines instances du groupe comme le centre de formation des dirigeants.

Sa dernière prise de poste ne fut pas facile : Naoko a été nommée à la tête d'une filiale étrangère où un management au féminin rendait le challenge plus ardu. Son nouvel environnement s'est montré difficile, voire hostile. Dans ce contexte, elle a appris à prendre de la distance face aux événements. Elle observe, écoute. Elle accepte les différences et à son arrivée n'a pas jugé utile, par exemple, de renouveler son staff. Elle a su trouver les mots justes, insuffler à son entreprise une vision mobilisatrice, créer des événements symboliques marquants. Elle a fait preuve de détachement et évoque cette expérience avec simplicité, sachant exprimer tant les difficultés que les réussites avec équilibre, posément, sans excès. Son regard est modeste et honnête.

Elle a une bonne confiance en elle et manage ainsi. Elle n'est pas réellement sensible à l'image. Elle ne s'inscrit pas dans une logique de séduction et elle a appris à varier ses modes de relation, avec patience, en fonction du contexte. Son contact est aisé et franc. Son expression est à la portée de publics variés. Ses compétences sont avérées en matière de gestion de l'ambiguïté ou des paradoxes. Son sens politique lui est indispensable dans son poste actuel étant donné la culture de son pays d'accueil.

Elle est indépendante et proactive. Elle cherche à faire un travail de qualité. Elle gère avec honnêteté et équité les problématiques qui lui sont soumises. Courageuse, travailleuse, elle s'engage avec régularité, cohérence, dans le sens de l'entreprise. Elle fait preuve d'une bonne résistance physique et psychologique et d'un sens de l'objectif qui en font un manager de qualité. Elle a trop tendance à tout superviser et contrôler, mais, réelle excuse, c'est un trait courant dans son pays d'accueil.

Elle aime les responsabilités et les challenges collectifs. Elle est sensible à la nature du challenge ainsi qu'à la qualité des relations interpersonnelles. Elle sait manager à distance mais préfère une relation de proximité car elle apprécie d'être au cœur des sujets. Elle peut avoir besoin d'être présente physiquement pour coordonner ses équipes. Elle prend les mesures qui s'imposent quelles que soient leurs répercussions. Si besoin est, elle fait preuve de patience pour appliquer une décision. Elle sait défendre des positions sans écraser les autres.

Elle n'a pas toujours le bon jugement sur les autres car elle veut qu'ils soient comme elle les a perçus *a priori* et ne porte pas assez attention aux détails qui pourraient pourtant l'éclairer. Elle est alors conduite à gérer des situations qu'elle n'avait pas prévues. Une fois consciente de son erreur, elle sait réorienter avec tact son collaborateur vers des missions plus appropriées. Elle reconnaît ses erreurs avec simplicité et sait attribuer à ses équipes leur juste part dans les réussites.

Naoko perçoit les faits et les analyse dans leur globalité. Elle imagine aisément les scénarios possibles et conçoit des stratégies et des plans d'action cohérents, même s'ils ne sont pas forcément novateurs. Elle fait des parallèles utiles avec le passé. Elle s'intéresse aux situations particulières ou aux anomalies pour mieux les analyser. Elle a un peu tendance à extrapoler à partir de détails. Elle se décide au regard de son analyse et de son expérience. Elle structure ses présentations stratégiques par rapport à une bonne vision d'ensemble. Elle se laisse parfois emporter par ses sympathies, notamment en cas de conflit, mais elle finit rapidement par faire la part des choses.

De la régularité, une expérience diversifiée, une ambition raisonnée, une intelligence manifeste, une expérience internationale, le sens des challenges et des responsabilités caractérisent Naoko. Là aussi, diplôme prestigieux et dimension internationale sont des piliers du potentiel. Mais d'autres éléments nous semblent tout aussi, voire plus importants : l'authenticité, l'attention aux autres, la motivation à diriger une équipe. Et aussi le besoin d'apprendre, le désir de progresser, la simplicité, la lucidité, la modestie. Naoko y trouve le ressort de tous ses progrès. Elle a su, stimulée par un certain goût de la compétition, valoriser ses acquis et progresser de poste en poste.

La modestie, ressort du développement personnel

Les cas de Naoko, Lynn et Juan nous aident à comprendre que la modestie est source de développement personnel et professionnel. Une personne modeste n'a pas besoin de paraître pour avoir le sentiment d'exister. Plus précisément, elle se sait exister sans crainte d'être vue telle qu'elle est et sans besoin de se mettre en avant. Par exemple, elle parle de ses compétences ou de sa performance sans emphase ; elle rapporte volontiers ses succès à l'aide apportée par autrui, voire à la chance, et assume, en cas d'échec, les erreurs qu'elle a commises, sans restriction. Elle fait son travail sans arrière-pensée, l'opinion que les autres se forment d'elle ne lui important guère. Elle a libéré son estime de soi de l'image que lui propose son entreprise ou qui éveille son ambition. Jamais elle ne cherchera à se rendre conforme pour obtenir la reconnaissance des autres. Elle est sûre d'elle-même. Précisément, elle se connaît à sa juste valeur, sans se surestimer ni se sous-estimer.

Cette analyse est loin d'être nouvelle. Déjà Cicéron considérait l'humilité – nous avons parlé de modestie dans le sens qu'il donne au mot humilité – comme une certaine modération de l'esprit et saint Thomas d'Aquin la définissait, dans la *Somme théologique*, comme la disposition du caractère par laquelle « nous nous modérons nous-mêmes, afin de ne pas être entraînés à ce qui nous dépasse ». En d'autres termes, elle « tempère l'esprit pour qu'il ne tende pas de façon immodérée aux choses [trop] élevées [pour nous] ». Mais il précise qu'« il est nécessaire pour cela que nous prenions conscience de ce qui nous manque en comparaison de ce qui excède nos forces ». Aussi l'humilité trouve-t-elle « sa règle dans la connaissance [de ses capacités], afin que l'homme ne s'estime pas supérieur à ce qu'il est[1] ». Il y a ainsi un lien direct entre l'ambition et la modestie, ou, autrement dit, l'exacte connaissance de ses compétences et le désir de réaliser des choses ardues : cette connaissance ne s'oppose pas à ce désir mais ne lui permet de

---

1. Saint Thomas d'Aquin, *Summa theologiae*, 1265-1265 (Ia et IIa) & 1272-1273 (IIIa), inachevée, trad. franç. collective : *Somme théologique*, quatre tomes, Les Éditions du Cerf, 1984, cit. respectivement pp. 913, 912, 913 et 918.

s'exercer qu'à bon escient, quand on est à même d'être performant.

Explicitons un peu plus le fondement anthropologique de notre analyse. Nous avons vu qu'il y a, au cœur du potentiel, une attitude d'esprit empreinte de souci de mieux faire, d'attention aux autres et d'ouverture aux leçons de l'expérience. Nous voyons que cette attitude d'esprit est faite de réalisme, voire de lucidité, et de modestie, pour ne pas dire d'humilité, c'est-à-dire l'absence de besoin de paraître pour se savoir exister. Ou, plus précisément, qu'on se sait exister sans crainte d'être vu tel qu'on pense être et sans besoin de se mettre en avant. Ce sont en effet de telles dispositions d'esprit qui permettent de tirer les leçons des expériences que l'on vit, notamment dans son activité professionnelle. C'est une condition nécessaire de l'actualisation des potentialités que représentent l'intelligence, l'habileté et la sagesse. C'est le cœur du développement personnel et professionnel. Nous ne prétendons pas innover beaucoup en disant cela. C'est en effet un lieu commun d'affirmer que l'expérience de la vie aide à mieux se connaître, à déployer à bon escient ses potentialités et à en retirer le meilleur. En d'autres termes, la performance va de pair avec la maturité, ce qui nous semble être le propre du professionnalisme. Nous précisons seulement que cette maturation de l'expérience de la vie exige – c'en est une condition nécessaire – de porter sur soi un regard réaliste et modeste.

Les personnes réalistes et modestes adoptent ainsi spontanément les attitudes indispensables au développement de compétences nouvelles. Le véritable potentiel porte sur lui un regard objectif et sans complaisance. Il sait évaluer, identifier sa capacité globale et sa performance.

Il est réaliste. Le potentiel est attentif à bien mesurer la part qui lui revient dans la performance commune, conscient du fait qu'il n'aurait rien fait sans les autres mais qu'il peut tout faire rater par ses erreurs. Il porte un regard modeste sur sa performance. Précisément, il reporte sur l'ensemble ou sur la chance les raisons du succès et s'attribue à lui seul la cause de l'échec.

La personne modeste et la personne vaniteuse portent un regard différent sur le succès et l'échec, et tiennent des discours opposés parce qu'elles ne considèrent pas de la même façon la connaissance qu'elles peuvent avoir d'elles-mêmes. Les leçons que nous offre l'expérience de la vie renforcent ou s'opposent à l'image que nous voudrions avoir de nous-mêmes. Aussi sommes-nous tentés d'en tenir compte ou, au contraire, de les négliger, selon qu'elles renforcent ou s'opposent à cette image. Mais c'est par vanité que nous adopterions une telle attitude. Nous ne nous considérerions plus que sous le jour qui nous flatte et nous ne profiterions plus, en fait, de nos expériences pour développer notre potentiel. *A contrario*, la modestie ouvre l'intelligence aux leçons de l'expérience et engendre une spirale vertueuse de développement personnel et professionnel. Elle est la source de tous les progrès.

Nous venons de voir que l'opinion que les autres se forment de son potentiel n'importe guère au modeste. Il a libéré son estime de soi de l'image que lui propose son entreprise ou qui éveille son ambition. La connaissance qu'il a de ses compétences actuelles et potentielles n'est pas brouillée par des considérations d'amour-propre. Il en connaît les limites et se propose de les repousser en profitant de toutes ses expériences. La réussite pour lui consiste en un développement personnel et professionnel qui passe par une contribution effective à l'entreprise. Il assume, éventuellement, sa solitude. Il se présente les faits tels qu'ils sont, mesure la part qu'il y a prise, en tire les leçons, change de comportement et, éventuellement, d'entreprise. Le véritable potentiel est donc, tout à la fois, réaliste, humble et déterminé comme J. Collins l'a pressenti[1].

Au contraire, ayant donné pour objet à son ambition le *cursus honorum* prévalant dans son entreprise, le vaniteux est pris à son propre piège : sa réussite consiste en l'opinion flatteuse que les autres se forment de lui. Nous comprenons pourquoi : un amour de soi mal placé craint de prendre des risques de peur de se voir démasquer comme incompétent, au contraire d'un amour de soi bien placé qui, connaissant ses capacités, assume le risque de ses décisions et maintient sa ligne de conduite. S'il faut choisir, nous préférons la première branche de l'alternative et nous affirmons que la réussite découle d'un mélange d'ambition et de modestie, l'ambition s'attachant à développer son potentiel et la modestie à se souvenir de sa performance.

Une enquête effectuée auprès de 1 572 leaders dans 14 pays confirme notre propos[2]. Leurs dix compétences principales, sont, dans l'ordre décroissant, la motivation à mener, à faire en sorte que les autres donnent le

---

1. Cf. Collins J., « Level 5 Leadership, The Triumph of Humility and Fierce Resolve », *Harvard Business Review*, janvier 2001, pp. 67-76.
2. Bernthal P. & Wellins R., *Leadership Forecast : a Benchmarking Study*, DDI, novembre 2003.

meilleur d'eux-mêmes, l'authenticité, la réceptivité aux remarques, la capacité à apprendre, l'ajustement à la culture, la passion pour les résultats, l'adaptabilité, une pensée conceptuelle, la capacité à vivre et à naviguer dans l'ambiguïté. On retrouve, sous d'autres termes, les apports de l'ambition et de la modestie.

Chapitre 8

Du leadership à la confiance, le dirigeant en action

Si la modestie est le ressort du développement personnel, qu'en est-il du potentiel de direction ? Il est clair, pour les dirigeants dont nous brossons les portraits, que la différence s'établit sur le leadership, non sur des aspects techniques ou spécialisés. Nous avons évoqué la dimension comportementale du management. Précisons la question et analysons les composantes du leadership et son corollaire, la confiance. Deux portraits vont nous aider à creuser la question.

Arthur ou le manque de maturité

Arthur a réussi une école de commerce de second rang. Il en souffre au regard de ses proches qui sont passés par les plus prestigieuses écoles françaises. À la sortie de son école, il s'est orienté vers les achats car il était attiré par le pouvoir de négociation et de décision souvent associé à cette fonction. Pressé, il a toujours changé de poste rapidement, en moyenne tous les deux ans, sans jamais changer d'entreprise. Il est fier de sa notoriété plus qu'il ne cherche à contribuer à son développement.

Il reconnaît être opportuniste et avoir du mal à se fixer un plan de carrière. À chaque fois, pour évoluer de poste en poste, il a su valoriser la mise en œuvre rapide du projet qu'il pilotait. Dernièrement, Arthur a été nommé à un poste comportant un rôle de management, de l'envergure d'un futur dirigeant, notamment par son périmètre mondial. Ses précédentes expériences internationales n'ont jamais excédé six mois et ont toujours consisté en des missions d'audit.

Jusqu'à ce poste, Arthur s'était toujours cantonné dans la technique. Sa spécialité porte sur la mise en place de systèmes transitoires. Il a commencé par des analyses. Il a proposé puis lancé des solutions, à première vue, peu coûteuses et adaptées au contexte. C'est l'une des raisons pour lesquelles il est apprécié de ses supérieurs. Il aime la nouveauté pour la nouveauté. Il a besoin d'initier le changement et d'y contribuer. Il le fait de son point de vue de technicien sans chercher à distinguer ce qui marche de ce qui mérite d'être changé.

Arthur a des avis sur tout et ses jugements sont catégoriques. Il présente de l'esprit de décision mais ne prend pas le temps d'en considérer les conséquences. Il n'écoute pas ses collaborateurs. Il pose des questions surprenantes qui, dans l'absolu ont un sens, mais qui généralement, dans le contexte, sont absurdes. Il interroge pour interroger mais n'attend pas de réponse, voire n'apprécie pas qu'on lui réponde. S'il se montre critique et égocentré, parfois opportuniste, c'est pour se faire valoir aux yeux de ses supérieurs en leur proposant ses services. Il pense ainsi se valoriser.

En fait, Arthur s'appauvrit. Il se prive à la fois de ses propres expériences en partant si vite avant l'achèvement de ses missions et de l'expérience des autres par son attitude arrogante. Il considère avec appréhension les problématiques complexes et il les complexifie un peu plus par ses décisions hâtives. Son regard est tronqué tant sur l'environnement que sur son comportement. La lecture de ses auto-évaluations montre qu'il s'attribue les points positifs. Par exemple, les RH ont dû le contraindre à certains recrutements et, une fois qu'ils se sont avérés bénéfiques, il s'en ait attribué la décision. Sa carrière ressemble à une fuite en avant. Il n'a jamais réellement ouvert son champ de compétences au-delà de sa spécialité. Il n'a jamais accompagné de changement dans toutes ses facettes, notamment organisationnelles, culturelles et humaines. Il reste sur ses acquis et se montre sûr de lui.

Arthur ne sait pas et ne cherche pas à gérer son équipe. Il en laisse le soin à son manager. De fait, il n'a pas l'occasion d'entrer en conflit avec elle. Mais il ne prend pas pour autant les décisions qui s'imposent. Par exemple, parmi ses cinq collaborateurs directs, deux ne sont pas à leur place et il a préféré créer un poste de plus plutôt que de trancher la question. Il n'assume pas ses responsabilités. Il se justifie en biaisant le regard qu'il porte sur autrui. Ses décisions s'en ressentent. Tout son management témoigne de cette absence d'équité et de responsabilité.

D'une façon générale, Arthur a de la difficulté à travailler avec des gens qui fonctionnent différemment de lui. Il se trompe sur les autres. Il reste sur ses schémas. Il ne fait pas preuve d'un état d'esprit positif ou bienveillant. Il a du mal à échanger avec autrui sur un pied d'égalité. Il préfère diriger par le truchement de processus. Il prend des décisions sans échange préalable. Au fond, il craint d'être remis en cause. Son manque de confiance en lui et son peu d'intérêt pour les hommes l'étouffent. Il a beaucoup de mal à parler en public et manque manifestement de charisme.

Ce désintérêt pour ses collaborateurs s'accompagne d'une vive sensibilité aux jugements de ses supérieurs. À titre d'exemple, examinons la façon dont Arthur a créé l'équipe de football de son entreprise. Il a demandé à ses n+1 et n+2 de devenir président et secrétaire. Et lors des deux premières saisons il ne fait acte de présence que pour faire des commentaires, sans participer sur le terrain. On peut rapprocher cette attitude de son comportement dans l'entreprise. Il lance de nouveaux projets, génère un peu partout des contraintes, impose puis disparaît en laissant à d'autres le soin de gérer les conséquences. Peu importe. Il s'est mis en évidence aux yeux de sa hiérarchie. Il nous semble que sa frustration intérieure, son besoin de faire carrière, son manque de modestie, dénotent un profond manque de maturité et l'empêchent de progresser.

Le leadership, une affaire de vision et de charisme

Comme Emmanuelle, Luc, Eddy ou Monique, Arthur est un exemple d'ambition mal placée. Ancré dans une logique de comparaison et de revanche, il étouffe ses potentialités. Il ne présente, de fait, ni vision, ni charisme. Il n'a rien d'un dirigeant.

H. Mintzberg[1] a regroupé les différentes facettes du travail du manager en trois grandes dimensions : la décision, l'information et les relations interpersonnelles. L'une d'entre elles, de nature interpersonnelle, est le leadership qui comporte exemplarité, proximité de décision et capacité à mobiliser sur les objectifs de l'entreprise. Mais il est devenu classique d'opposer le leader au manager depuis que A. Zaleznik[2] a vanté les mérites du leader visionnaire et montré comment sa puissante imagination se joue du chaos où d'autres se débattent compulsivement. H. Mintzberg ne le contredira pas, lui qui n'a cessé de dénoncer la spécialisation des cursus de management sur telle ou telle fonction de l'entreprise[3].

Tout le monde pense désormais avec M. Buckingham et C. Coffman que « les grands leaders ne sont pas seulement des managers devenus plus avisés. [...] Ils se doivent d'être visionnaires, d'avoir une pensée stratégique et de faire bouger les choses[4] ». Un glissement de sens s'est opéré, consacrant une différence qualitative. Au

---

1. Mintzberg H., *The Nature of Managerial Work*, Harper and Row, 1973, traduction française par P. Romelaer, *Le Manager au quotidien, les dix rôles du cadre*, Éditions d'Organisation, Paris, 2e édition 2006.
2. Zaleznik A., « Managers and Leaders : Are They Different ? », *Harvard Business Review*, mai-juin 1977, reprint : *idem*, mars-avril 1992, pp. 126-135.
3. Mintzberg H., *Managers, not MBAs*, 2004, traduction française par Marie-France Pavillet, *Des managers, des vrais ! pas des MBA*, Éditions d'Organisation, Paris, 2005.
4. Buckingham M. et Coffman C., *Manager contre vents et marées*, Village Mondial, 2001.

leader est dévolu le rôle de direction au titre de son charisme et de sa vision stratégique. Au manager, les questions de court terme, sachant qu'il peut s'appuyer sur son autorité hiérarchique[1]. Si l'apport initial de H. Mintzberg est un peu perdu de vue, nous pensons que la déclinaison de la stratégie comporte une dimension interpersonnelle à tous les niveaux de la hiérarchie.

Si Arthur n'a rien d'un leader, il n'a rien d'un manager non plus. Il se montre désagréable comme Luc ou Emmanuelle. Il partage avec eux la culture de l'élitisme et en a fait son modèle de carrière. Il souffre de son « petit diplôme ». Il compense ce manque par un surcroît de manœuvres. Il ne trompe pas ses collaborateurs sur la pauvreté de ses relations humaines. Il est obnubilé par cette culture. Il sait se mettre en valeur. Il est considéré par ses supérieurs comme un potentiel.

On peut se demander s'il a jamais cherché à prendre du recul par rapport à l'image de la réussite que ses proches puis son entreprise lui ont présentée. S'est jamais libéré de l'injonction implicite de s'y conformer ? A-t-il vraiment jamais choisi son style de vie et de carrière ? Il tient beaucoup trop à sa réputation. Il ne cherche pas à vivre avec sincérité. Il lui suffit de paraître. Chez lui, peu de cohérence entre ses actes et ses discours. Rien de bien authentique, rien de vraiment crédible. Quelle confiance ses collaborateurs peuvent-ils lui accorder ? Il ne sait même pas où il va : il reconnaît, lors d'un moment de lucidité, être opportuniste.

---

1. Dubouloy M., « Devenir dirigeant : une utopie, intégrer la réalité dans une idée », actes de la 2e journée humanisme et gestion, *Gouvernance d'entreprise et Leadership*, Bordeaux, 14 avril 2005, pp. 99 à 106.

À l'inverse d'Arthur, à l'image de Naoko, le leader fait preuve de vision et de charisme. Sa maturité le rend libre des biens qui excitent sa convoitise ou son ressentiment. Il se connaît assez pour savoir contrôler les mouvements de son ambition et il s'est appliqué à les orienter durablement vers des buts dignes de ses compétences. Il est authentique et crédible. Il considère le monde qui l'environne sans se leurrer et cherche comment s'y insérer. Son intelligence est à même de savoir où mener l'entreprise. Il développe une vision stratégique.

Modeste, il ne se trompe pas sur lui-même et sait reconnaître les qualités des autres. Il est à même de proposer à ses équipes des objectifs que tous peuvent apprécier s'ils partagent ses aspirations de développement personnel et professionnel. Il est cohérent et exemplaire. Tous reconnaissent ses qualités. Elles transparaissent dans son comportement, jour après jour. Que vienne l'occasion de franchir une étape décisive, de s'engager avec un peu plus de ferveur, son charisme apparaît au grand jour.

Nous avons évoqué les parcours que les entreprises font suivre aux membres de leur « vivier » et de leur « réserve ». Nous avons analysé leurs rites de passages, certaines formations demandant un fort investissement ou encore une expatriation provoquant un choc culturel. L'entreprise tire vraiment profit de ces dispositifs dans la mesure où ils donnent aux cadres à potentiel l'occasion de mieux se connaître et de développer son sens critique.

Tout cela relève d'une exacte connaissance de soi, de la véracité du regard porté sur soi-même et sur le monde, en bref de la modestie. La capacité à prendre des risques et à surmonter les échecs en est améliorée : le challenge est perçu comme une occasion de se dépasser non comme un passage obligé. Et l'échec non comme une mise à mort mais comme une occasion d'apprendre. C'est comme dans le sport où apprendre à gagner et à perdre est si important : c'est ainsi que les champions se reconstruisent en permanence.

L'exemplarité des dirigeants prend un relief particulier aujourd'hui du fait des médias et de l'importance accordée à l'image. Leur notoriété les oblige à veiller tout particulièrement à mettre en cohérence leurs actes et leurs propos. Cela n'a rien de facile. Ils doivent avoir assez de maturité pour ne pas chercher à plaire à ceux qui font les réputations ou se conformer à l'opinion dominante mais bien à garder ferme le cap des nécessités du marché et de la stratégie de l'entreprise, au risque de paraître intransigeants. Cette loyauté à l'entreprise est, comme nous l'avons évoqué, leur première responsabilité. Et il ne faut pas douter, s'ils sont sincères et généreux, que tous accueilleront leur témoignage et qu'ils seront pris comme exemple.

Alice ou la contrainte de l'émotivité

La vision et le charisme ne se forgent pas en un jour. Ils peuvent être également retardés dans leur développement par des limites de caractère. C'est le cas d'Alice, nous semble-t-il. Voici son portrait. Alice ne présente ni diplôme de premier niveau ni expérience internationale réelle. Fidèle à sa structure, elle y a fait une assez bonne carrière. Elle a su changer de métier et élargir son champ de compétence. Elle a passé assez de temps dans chacun de ses postes pour prouver à chaque fois l'efficacité de sa contribution tant dans la gestion de son secteur d'activité que sur le plan du management de son équipe. Alice est appréciée à ce titre par ses supérieurs.

Elle est animée par un réel sens de l'entreprise et elle est prête à s'investir. Elle fait preuve d'une grosse capacité de travail. Elle est motivée avant tout par sa contribution à l'ensemble. Elle apprécie les challenges et la compétition mais elle a besoin d'un contexte sain, d'un esprit « olympique », pour donner le meilleur d'elle-même. Dès que l'environnement devient incertain, ambigu, voire agressif, elle perd en capacité de réaction et cherche à se protéger.

Alice ne semble pas ressentir un besoin de pouvoir très marqué ni de revanche sociale. Son ambition reste raisonnable. Elle aime progresser et s'ouvrir à de nouveaux horizons. Alice parle avec transparence et honnêteté de ses performances comme de ses difficultés. Elle reconnaît ses erreurs et ne cherche pas à se mettre en avant. Elle parle plus volontiers du travail de son équipe que de sa contribution individuelle. Elle semble foncièrement modeste.

Alice aime diriger les autres. Elle sait mobiliser son équipe vers le résultat. Elle s'implique avec eux et fait partager sa vision. Elle fournit des directives claires ou, selon les cas, des règles de fonctionnement. Elle n'a pas de charisme à proprement parler mais elle fédère ses collaborateurs autour d'elle. Elle est sensible à la convivialité des équipes. Cette sensibilité peut devenir son point faible. Alice tient à être aimée et, en même temps, à agir selon les règles. Elle a tendance à jouer un rôle maternel vis-à-vis de ses équipes. Sa sensibilité affective limite sa lucidité. Elle fait des erreurs d'appréciation et peut se faire manipuler. Elle supporte mal les relations tendues et gère son stress avec difficulté. Elle cherche à étouffer les conflits avant qu'ils n'apparaissent au grand jour.

Grâce à son bon niveau intellectuel, Alice appréhende avec une certaine vivacité les contextes de travail. Elle fait preuve dans ses analyses à la fois de rigueur et de souplesse. Elle aspire à plus de cohérence au risque de devenir un peu systématique. Disposant de pragmatisme et de largeur de vue, elle gère l'immédiat tout en regardant au loin. Elle n'est cependant pas en mesure de proposer des solutions de changement à long terme. Elle prend ses décisions après mûre réflexion. Elle est appréciée pour ses conseils. Elle fait preuve de courage et sait dire les choses difficiles, d'une façon positive et constructive. Elle se montre alors égale à elle-même, malgré son stress.

Alice se révèle ainsi comme un bon professionnel et son management serait bien adapté à son contexte si son affectivité ne lui causait tant de stress. Il est vrai qu'elle travaille actuellement dans un contexte très politique. D'où une certaine usure. Il est très probable que, dans un contexte différent et avec un peu recul par rapport à son management, elle surmonte son émotivité et que ses qualités personnelles et son ambition de contribuer lui donnent l'étoffe d'un véritable dirigeant.

La confiance, marque des véritables dirigeants

Alice souffre de la compétition malsaine qui se livre autour d'elle. Elle se méfie, se tend, perd en efficacité. Affective, elle souffre particulièrement des manœuvres que ses collaborateurs peuvent déployer dans ce contexte très politique. En bref, elle n'a pas confiance dans son environnement. Une autre ambiance changeant la donne lui permettrait sans doute de livrer le meilleur d'elle-même.

La confiance est un sentiment d'assurance, de sécurité, d'espérance de quelqu'un envers quelqu'un d'autre. Ce sentiment ne nie pas l'existence de dangers mais repose sur l'impression que nous sommes capables d'y faire face, par nous-mêmes, avec l'aide d'autrui ou grâce à la chance. La confiance est considérée comme un facteur essentiel du développement personnel et professionnel. Lorsque l'individu est en confiance, il se sent capable et heureux. Il libère ses potentialités. Dans le cas contraire, il se montre peureux, méfiant ou désabusé. Il se sclérose.

Nous évaluons différemment le danger et notre capacité à y faire face selon notre culture, notre éducation, notre environnement de vie, nos expériences personnelles, la rudesse des épreuves que nous avons vécues ou la facilité de nos succès. La maturité, et notamment la sagesse comportementale, nous aide à mieux nous connaître, à placer notre confiance à bon escient, à vaincre peu à peu nos peurs, à déployer nos potentialités utilement, à faire preuve de compétences. C'est encore une affaire de modestie.

B. Jarrosson, V. Lenhardt et B. Martin[1] proposent différentes pistes pour renforcer sa confiance : oser se positionner, développer l'estime de soi, persévérer dans l'apprentissage, s'orienter sur le positif, savoir lâcher

---

1. Jarrosson B., Lenhardt V., Martin B., *Oser la confiance*, Insep, 1997.

prise. Ces trois auteurs proposent aussi tout un management d'entreprise fondé sur la confiance et s'appuient sur l'exemple désormais bien connu de Bertrand Martin qui, pour sortir une entreprise de mécanique lourde de la crise où elle se trouvait, a allégé ses structures, au risque de créer du désordre.

Voyons comment les responsables sont à même d'initier, par leur leadership, un développement fondé sur la confiance. Nous pensons que tout découle de leur modestie et de leur volonté de contribuer. Ils se concentrent sur la manière d'aboutir et non sur la crainte de l'échec. Ils ne cherchent pas tant à se faire reconnaître qu'à réussir l'épreuve. Ils sont sûrs de leurs collaborateurs comme ils sont sûrs d'eux-mêmes. Ils ont évalué les capacités de chacun à leur juste mérite. Ils décident et assument les conséquences de la mise en œuvre de leurs décisions. Ils restent, à bon escient, sur leurs positions et ne se rangent pas à l'opinion dominante. Leur ambition est en fait une exigence personnelle d'excellence. Ils ne présentent pas le côté cassant des personnes imbues d'elles-mêmes. Leur empathie leur permet de comprendre les peurs et les besoins de leurs collaborateurs. La confiance qu'ils leur témoignent les aide à surmonter ces mêmes peurs et libère leur énergie. Tout le monde cherche à mieux contribuer à l'entreprise et veille, pour ce faire, à tirer les leçons de ses succès et de ses échecs. Nos leaders ont mis en route la spirale vertueuse du développement personnel et professionnel.

Ce processus repose sur la modestie du dirigeant et l'ambition de contribuer qui l'anime. Ces qualités le rendent crédible et exemplaire. Son équipe reconnaît son charisme et sent qu'elle peut lui faire confiance.

Chacun est conduit à penser qu'il est capable de réaliser la tâche qui lui est confiée, quel que soit son niveau initial de confiance en soi. Chacun apprend à mieux se connaître, devient modeste à son tour et développe son ambition de contribuer, à l'exemple de son chef. On comprend mieux *a contrario* pourquoi Alice est inhibée. Le climat de concurrence malsaine qui règne dans son entreprise incite les ambitieux à prévaloir non à contribuer. Tous les jeux sont faussés. On ne peut faire confiance à personne. Les audacieux l'emportent. Les peureux sont étouffés.

Le leadership serait ainsi une affaire de modestie et sa marque distinctive la confiance que les collaborateurs accordent au vu de l'expérience à leur dirigeant. La frontière qui sépare l'orgueil managérial de la modestie du vrai dirigeant est ténue. Tous deux respirent la confiance en soi. Si l'un nie les risques qu'il fait courir à l'entreprise, l'autre en a mesuré les conséquences et sait qu'il peut les assumer. *A contrario*, une personne peu sûre d'elle nierait aussi les risques qu'elle ferait courir à l'entreprise, non, comme l'orgueilleux, par surestimation de sa capacité à en assumer les conséquences, mais pour ne pas avoir à considérer celles qu'elle devrait assumer.

L'important pour le dirigeant est de placer sa confiance en soi à bon escient : il y a des risques qu'il peut assumer compte tenu de sa personnalité et de la situation de son entreprise, et d'autres non. C'est le propre de la modestie de le lui apprendre. Et comme tout cela est décidé au quotidien, dans l'urgence, avec des hommes et des femmes riches de leurs propres personnalités, il est important que les dirigeants aient, selon les termes de Maurice Thévenet, « cette proximité relationnelle et émotionnelle permettant de motiver et communiquer, d'être intègre et courageux [1] ».

---

1. Thévenet M., *Management, une affaire de proximité*, Éditions d'Organisation, Paris, 2003, cit. p. 15.

Chapitre 9

Évaluer le potentiel au quotidien

Si la modestie est le ressort du développement personnel, si elle demeure la caractéristique des vrais dirigeants, il est important pour les entreprises de savoir la détecter. Elles ont besoin de savoir évaluer le potentiel de leur personnel. Elles se demandent, par exemple, si telle personne a des chances de réussir dans tel poste – quels sont ses points forts, ses atouts. Et elles apprécieraient de pouvoir disposer d'une méthode qui simplifierait leur travail. Il existe de nombreuses méthodes d'évaluation des compétences dont la plupart ont fait leurs preuves. Ce n'est pas encore le cas pour le potentiel : aucune performance ne vient confirmer le diagnostic. Il repose, comme nous l'avons vu, sur un pari. Pourtant des méthodes externes à l'entreprise ont été développées, notamment l'*assessment center*. Les entreprises s'en remettent souvent, ne serait-ce que pour une question de coût, à leurs processus internes et soumettent leur personnel, notamment, à une évaluation constante qui dépasse l'évaluation de la performance ou de la compétence.

L'assessment center, une réponse partielle

Les prestataires de services en ressources humaines apportent à l'entreprise expérience, méthodologie et recul. Ils l'aident à clarifier ses attentes, à s'interroger sur les critères de réussite et à se focaliser sur les comportements prédictifs de la réussite future et non sur la performance passée. Ils la contraignent à plus d'exigence et de réflexion. Avant de définir les critères d'évaluation et de délimiter le potentiel à détecter, l'entreprise aura analysé le contenu du poste à pourvoir et mis au clair les compétences qu'il requiert. On va parfois jusqu'à décrire par le menu, notamment pour l'*assessment center*, le comportement requis, dont on a vu l'importance au fil des chapitres précédents. Tout cela repose sur une nomenclature des compétences, des descriptions de poste et des critères de mesure de la performance. Si elle n'était pas déjà dotée de tels outils, l'entreprise serait conduite à en adopter ou à en développer pour justifier ses décisions de promotion.

De nombreuses méthodes de détection du potentiel ont été développées. Aux côtés des tests cognitifs ou de personnalité, l'*assessment center* est l'une des méthodes d'évaluation du potentiel les plus connues et utilisées par les entreprises. Elle permet, non pas tant de détecter des compétences potentielles mais de mesurer, par le biais de simulations, la performance dans la tenue d'un nouveau poste ou l'accomplissement d'une mission future. Pour cela, elle évalue les compétences exercées à cette occasion par des mises en situation proches de la situation future, mettant à l'épreuve les compétences requises. On peut penser qu'il ne s'agit pas, à proprement parler, de détection du potentiel mais plus d'évaluation de compétences.

Mais la nuance importante, c'est que l'*assessment center* permet d'appréhender les compétences requises par la fonction future, notamment celles que l'évalué n'a pas eues l'occasion de mettre en œuvre jusqu'alors. Telle est la valeur ajoutée de l'*assessment center*. Cette méthode complète ainsi le processus d'évaluation interne à l'entreprise. Elle en accroît la fiabilité par des informations nouvelles sur le comportement de l'évalué. Mais son coût reste élevé.

L'assessment center

Traduite parfois par bilan comportemental ou, littéralement, par centre d'évaluation, la méthode de l'*assessment center* a été présentée par Henry A. Murray dans *Exploration in Personality* en 1938. Les premiers *assessment centers* ont été mis en œuvre pendant la Seconde Guerre mondiale. En 1942, le service de recrutement de l'armée britannique a utilisé cette méthode pour recruter ses futurs officiers. En 1943, les services secrets américains se sont à leur tour appuyés sur les travaux de Henry A. Murray pour recruter leurs agents.

Après guerre, cette méthode se répandit dans les entreprises américaines pour évaluer le potentiel des jeunes diplômés. AT&T a effectué, sous l'impulsion de Douglas Bray, l'un des plus grands chantiers d'évaluation de l'époque en suivant le développement des carrières de ses jeunes cadres pendant une dizaine d'années. Les résultats de cette étude ont été publiés dans les années 1970[a]. IBM, General Electric, Sears, Standard Oil et Rank Xerox ont notamment contribué à la validation de cette démarche.

La méthode a surtout été utilisée en Amérique du Nord, Grande-Bretagne, Afrique du Sud, Brésil, Australie ainsi qu'en

Allemagne pour des catégories professionnelles variées et à tous les niveaux hiérarchiques. Elle a été diffusée en France grâce à quelques ouvrages, notamment ceux de V. Ernoult, J.-P. Gruère et F. Pezeu[b] et F. Tapernoux[c]. On trouvera une synthèse critique dans C. Lévy-Leboyer[d]. Peu utilisé pour les dirigeants, l'*assessment center* est surtout usité pour les jeunes cadres mais aussi pour la maîtrise et les commerciaux.

La finalité d'un *assessment center* est de donner l'occasion d'observer des comportements significatifs d'une personne au regard des exigences d'un poste ou d'une mission. La méthode consiste à faire vivre par l'évalué différentes situations requérant des compétences différentes sous le regard de plusieurs observateurs. La multiplication des mises en situation et des observateurs vise à renforcer l'objectivité de l'évaluation. Les exercices les plus connus sont le tri de courrier (*in basket*) et les jeux de rôle. Très souvent, les exercices sont adaptés ou inventés en fonction des compétences que l'on cherche à mesurer. Il peut s'agir de travaux de groupe, de jeux d'entreprise, d'exercices d'organisation individuelle de travail et de prise de décision, de questionnaires, d'entretiens, etc.

L'*assessment center* est adapté aux savoir-faire organisationnels et savoir être. Il permet aussi de mieux cerner les caractères et les motivations. Par exemple l'exercice de la corbeille de courrier permet de mesurer les compétences suivantes : prise d'initiative, contrôle des informations reçues, analyse des problèmes, délégation d'autorité aux subordonnés, hiérarchisation des urgences, qualité des actions entreprises, quantité de travail accompli, etc. Le jeu d'entreprise s'axe sur la distribution des responsabilités, le leadership, les techniques d'organisation du travail, sans oublier la qualité des actions entreprises, la hiérarchisation des priorités et la quantité de travail accomplie.

On trouvera différents exemples dans l'ouvrage qu'A. Bernard[e] leur a consacré.

Cela implique deux préalables à toute évaluation par cette méthode : la mise au clair des compétences requises et la formation des évaluateurs à l'observation des exercices.

Les exercices révéleront les compétences de l'évalué avec d'autant plus de pertinence qu'ils simuleront bien les difficultés du poste ou de la mission. On pourrait décrire les comportements souhaitables, éventuellement en scénarios alternatifs, et les hiérarchiser, dressant ainsi une échelle de notation. Il s'agit ainsi, premier préalable, d'avoir listé et gradué les compétences requises par les principales situations professionnelles et les possibles incidents critiques.

Il s'agit aussi, second préalable, d'avoir formé les observateurs à l'attention portée à ces compétences et à leur évaluation. Ceci n'a rien d'évident. Des supérieurs hiérarchiques des personnes évaluées peuvent aussi participer à l'évaluation aux côtés de collègues et d'évaluateurs spécialistes de l'*assessment center*. Le travail d'évaluation exige une forte attention et se poursuit au-delà de l'exercice dans la mise en commun des appréciations avec les autres évaluateurs. C'est à ce moment que se joue l'objectivité de l'évaluation rendue *in fine* par l'*assessment center* : elle doit rendre compte de la pluralité des observateurs et de la diversité des situations observées.

---

a. Bray D. W., Campbell R. J., Grant D. E., *Formative Years in Business*, Wiley, New York, 1974.
b. *Le Bilan comportemental dans l'entreprise*, PUF, Paris, 1984.
c. *Les Centres d'évaluation*, Payot, Lausanne, 1984.
d. *Évaluation du personnel, quelles méthodes choisir ?* Éditions d'Organisation, Paris, 1990.
e *Le Développement des jeunes cadres*, éd. Liaisons, coll. « Option gestion », Paris, 1992, pp. 24 et sq.

De nombreuses études ont cherché à comparer les différentes façons de détecter le potentiel. P.-G. Hourquet et V. de Saint-Giniez[1], qui en ont fait la synthèse, en analysent la validité prédictive, à savoir la corrélation entre le résultat donné par une méthode et le succès professionnel ultérieur. Ils relèvent que les *assessment centers* ont l'une des validités prédictives les meilleures (aux côtés des entretiens s'ils sont structurés), notamment pour les postes managériaux élevés. Mais ils soulignent que, pour choisir une méthode, il faut prendre en compte aussi le coût. L'*assessment center* est sur ce point en queue du classement.

Validité et coût des méthodes d'évaluation

Méthodes	Validité prédictive	Coût
Tests cognitifs	Forte	Faible
Questionnaires d'intérêt	Faible	Faible
Tests de personnalité	Moyenne	Faible
Tests projectifs	Faible	Faible
Méthodes parascientifiques	Nulle	Moyen
Méthodes biographiques	Moyenne	Moyen
Entretiens	Faible-forte	Moyen
Centres d'évaluation	Forte	Élevé

Selon P.-G. Hourquet et V. de Saint-Giniez

---

1. Hourquet P.-G. et Saint-Giniez V. (de), « Évaluer le potentiel d'évolution des cadres », *Tous DRH*, sous la direction de Peretti J.-M., Éditions d'Organisation, 2e édition, Paris, 2001, pp. 205-218.

Il faut que le poste à pourvoir en vaille la dépense ou que le nombre d'évaluations permette d'amortir le coût du développement des exercices de simulations. Il n'est pas sûr que cette méthode convienne parfaitement aux postes qui, apparemment, en vaudraient la dépense, quoique, d'après P.-G. Hourquet et V. de Saint-Giniez, sa validité prédictive soit meilleure pour les postes managériaux élevés que pour les autres postes. Cette méthode ne permet pas d'apprécier, comme toute méthode expérimentale, selon les mêmes auteurs, s'il y a harmonie entre les valeurs de l'entreprise et celles de l'évalué, ni l'étendue réelle des qualités relationnelles du candidat. L'*assessment center* est donc adapté à des profils en nombre suffisant sur plusieurs années pour en amortir le coût.

L'observation au quotidien, une méthode interne à parfaire

Les entreprises peuvent recourir à des méthodes d'évaluation mobilisant, pour la plupart, la technique de l'entretien mais aussi l'observation directe en situation de travail. Au lieu de simulation, comme le fait l'*assessment center*, elles cherchent à pressentir par l'observation quotidienne si la personne sera performante dans le poste à pourvoir. L'idéal serait que l'évalué puisse suivre un parcours formateur lui donnant l'occasion de mettre en œuvre toutes les compétences requises par ce poste, ce qui est loin d'être toujours possible. L'entreprise est donc souvent réduite au contexte du travail quotidien, dont tout le monde est témoin, l'évalué lui-même au même titre que son supérieur, ses collaborateurs ou ses pairs. Même lorsqu'il est impossible d'organiser des parcours formateurs, l'entreprise peut s'appuyer sur des nomenclatures de compétences et formaliser les profils requis. La question est alors de savoir qui est le mieux à même de détecter si l'évalué possède bien les compétences en question.

On pourrait croire que le supérieur direct est la personne la mieux placée pour juger du potentiel de ses collaborateurs. Se trouvant en première ligne, disposant généralement d'informations riches sur leurs comportements quotidiens, il est mieux placé que quiconque pour juger de leurs performances et donc pour savoir s'ils disposent bien des compétences requises pour leur poste ou leur fonction. Il joue parfois un rôle de conseiller et influence ainsi l'évolution de carrière de ses proches. Les managers connaissent leurs collaborateurs, leurs atouts et leurs points faibles[1]. Toute détection du potentiel ne peut donc exclure *a priori* cette source d'information.

Elle ne semble pas spontanément la plus fiable. Du fait même qu'il doit atteindre des objectifs, le supérieur hiérarchique a tendance à conserver les collaborateurs performants et coopératifs mais non les ambitieux, qui partent d'eux-mêmes, ni ceux qui manquent d'esprit d'équipe et qu'il ne cherche pas à retenir. Aussi validera-t-il le potentiel de personnes qu'il laisserait partir sans regret et minimisera-t-il le potentiel de ses collaborateurs qu'il juge irremplaçables. Quant à son propre remplacement, ce n'est pas dans son équipe qu'il trouvera une personne capable de le remplacer. Même si les cimetières sont remplis de gens indispensables, qui ne s'est jamais considéré comme tel en entreprise ? C'est un fait d'expé-

---

1. Bournois F., Poirson P., *Gérer et dynamiser ses collaborateurs*, Eyrolles, Paris, 1988.

rience que le supérieur direct ne semble pas pouvoir évaluer le potentiel de ses collaborateurs d'une façon totalement impartiale. L'image de la pyramide est parlante. Depuis son sommet, on voit très bien l'extérieur, très mal l'intérieur : chaque strate masque la strate inférieure aux yeux du chef.

On pourrait chercher à faire en sorte que le supérieur hiérarchique ne juge plus le potentiel de ses collaborateurs d'une façon biaisée. On l'exercerait à être impartial, à ne pas se leurrer lui-même sur les vrais motifs de ses évaluations. On lui assignerait des objectifs de développement professionnel et de mobilité pour ses collaborateurs. Sans doute est-il utile d'envisager de pareilles mesures. Mais il nous semble primordial que l'entreprise se garde de demander aux supérieurs hiérarchiques directs de détecter les potentiels de leurs collaborateurs. Elle se contentera de leur demander d'évaluer les performances. C'est à une personne dont la position ne fait peser sur elle aucune incitation à biaiser ses évaluations que la mission de détecter les potentiels doit revenir.

On pourrait penser que cette mission incombe à la direction des ressources humaines. Elle cherche en effet à faire coïncider l'intérêt de chacun des membres du personnel avec celui de l'entreprise, en termes de carrière et de développement personnel. Aussi veille-t-elle à mettre en adéquation les compétences et les fonctions, les potentiels et les fonctions futures éventuelles. Défendant l'intérêt de l'entreprise, elle vérifie les compétences et la capacité à développer des compétences nouvelles. Défendant l'intérêt de chacun des membres du personnel, elle s'attache à mettre en œuvre une mobilité qui développe leur employabilité et favorise leur carrière. Il n'y a donc pas, en principe, chez les fonctionnels RH de filtre qui risquerait de biaiser, comme chez les supérieurs hiérarchiques, le jugement qu'ils portent sur le potentiel des membres de l'entreprise. En fait, une telle vision des choses est quelque peu angélique. Si des objectifs leur sont assignés, notamment en termes de formation pour le recrutement, ou de mobilité pour la gestion des carrières, les professionnels des RH ne chercheront pas à savoir ce que les signes du potentiel recouvrent réellement mais les considéreront plutôt comme un moyen de remplir ces objectifs ; si bien que leur évaluation ne sera pas aussi objective qu'elle le serait autrement, à supposer même qu'ils aient les compétences requises par leur fonction.

Bien sûr, de tels objectifs ne sont pas fixés arbitrairement mais correspondent à la ligne directrice que la direction de l'entreprise se donne en matière de recrutement ou de gestion des carrières. Ils reposent sur l'image, partagée dans l'entreprise, du potentiel censé répondre à ses besoins. Mais il importe peu que cette image ait été transmise par la direction ou qu'elle se soit dégagée d'une façon consensuelle. Il suffit qu'elle soit reçue dans l'entreprise comme répondant effectivement à ses besoins pour que les personnes qui évaluent les potentiels ne cherchent plus à savoir ce que les signes du potentiel recouvrent réellement. Bien sûr, cette représentation du potentiel n'est en rien artificielle mais découle de l'accord de tous sur la signification qu'il faut accorder, par exemple, à la renommée de tel diplôme ou la mobilité de telle carrière : on s'est entendu sur la capacité de travail, l'intégration, l'employabilité et l'adaptabilité dont ils sont les indices. Mais le temps passant, les évaluateurs peuvent oublier que ces éléments ne sont que les signes de la réalité qu'il s'agit d'appréhender.

Ils ne disposent pas d'informations de première main. Ils sont donc tenus de s'appuyer sur les évaluations qui peuvent être faites à tous les niveaux, supérieurs, pairs, inférieurs, en bref une sorte de 360 degrés. De plus une évaluation constante n'est pas sans inconvénient, *a fortiori* si elle provient de tous les niveaux. Chacun se sachant évalué par tous modifie en conséquence la façon de se comporter et cherche à éviter les conflits, si bien que les personnalités fortes ou atypiques sont mises à l'écart tacitement. Le climat de travail devient plus consensuel, non sans risque d'hypocrisie, et l'entreprise court le risque d'être privée des points de vue divergents sans lesquels elle ne peut pas se remettre en cause. Il est donc nécessaire de formaliser quelque peu ce processus d'évaluation constante et la fonction RH veillera à ce que, au minimum lors des entretiens qu'elle mènera, règne un climat de vérité.

L'intérêt d'un tel processus réside dans son économie : il n'implique aucun recours à des méthodes extérieures, ni temps d'observation supplémentaire à l'intérieur, ce qui est un atout indéniable dans le contexte récurrent de restriction budgétaire des entreprises. Il n'est pas nécessaire notamment d'inventer des mises en situation expérimentales, comme l'exige l'*assessment center*. Il suffit de ne pas manquer de tirer les conclusions des situations vécues quotidiennement par chacun dans l'entreprise. Il reste utile de former les différents échelons de la hiérarchie à observer les comportements, à évaluer les compétences, à observer les indices de potentiel. Et cette observation portera également sur les aspects non ou para-verbaux de la communication interpersonnelle. A. Mehrabian et M. Wiener[1] ont mesuré que ce qui est dit ne représente que 7 % du message reçu, le corps (non verbal) comptant pour 55 % et la voix (para-verbal) pour 38 %. Ce point est particulièrement sensible dans l'entreprise car la représentation et l'apparence y jouent, comme nous l'avons vu, un rôle majeur. En bref, tout cela plaide pour une formation à l'empathie et à l'écoute en vue des entretiens annuels d'évaluation ou, dans le cadre d'une GRH déléguée, de ceux de recrutement et de mobilité.

Encore faut-il savoir comment évaluer le potentiel. Si on juge des compétences par la performance, il est impossible de reconnaître le potentiel à ses « œuvres ». On cherche donc dans le comportement de l'évalué quelque chose qui permette d'affirmer qu'il possède bien, au moins potentiellement, les compétences requises pour un poste supérieur ou plus complexe. Détecter le potentiel revient ainsi à percevoir chez l'évalué des signes suffisamment clairs pour pouvoir décider de sa promotion. La question s'est déplacée. Il ne s'agit plus tant de savoir qui est à même de mieux observer l'évalué mais plutôt quels sont ces fameux signes du potentiel et comment les mettre en évidence sans coût supplémentaire dans le contexte de travail quotidien.

---

1. Mehrabian A. et Wiener M., « Decoding of inconsistent communications », *Journal of Personality and Social Psychology*, 6/1997, pp. 109-114.

Les signes de l'ambition modeste, à observer au quotidien

Des biais apparaissent dès que l'évalué sait qu'il est observé et adopte en conséquence l'attitude ou tient le discours qui, pense-t-il, le valorisera dans la relation qu'il tisse avec l'observateur. Des biais apparaissent aussi du côté de l'observateur s'il ne comprend pas ou interprète mal les comportements ou les paroles de l'observé, et tire en conséquence des conclusions que les faits ne confirment pas. On ne s'improvise pas évaluateur dans le cadre de travail quotidien, il faut en avoir les compétences.

Lorsque l'image du potentiel retenue par l'entreprise est connue de tous, ceux qui cherchent à faire partie du petit nombre réputé avoir plus de chance que les autres d'être promu s'efforcent de se présenter sous un jour qui permette à leurs évaluateurs de penser qu'ils auront plus de chance que les autres de réussir dans les postes à pourvoir. L'évaluateur qui ne serait pas conscient de ce travers risquerait de se tromper. Il se doit de dépasser l'apparence du potentiel qu'apportent notamment diplôme et mobilité pour mieux regarder si l'évalué cherche vraiment à développer des compétences nouvelles ou s'il est entré dans une logique d'apparence. Il sera vigilant à la stratégie de l'évalué.

L'important pour l'évaluateur est de savoir si la personne saura se comporter de la façon requise pour le poste. L'incertitude majeure porte sur le savoir être, les savoirs (culture générale, langues étrangères, connaissance de l'entreprise et de ses rouages) et les savoir-faire (animation de réunion, etc.) étant déjà acquis généralement ou faciles à acquérir. C'est pourquoi le diplôme et la mobilité perdent de leur importance : l'évalué a déjà fait preuve de capacité de travail et d'adaptabilité dans ses postes précédents. Nous avons pris acte que ce qu'ils signifient n'est plus très important. Le biais de l'évaluateur serait de prendre pour de la sagesse des éléments d'intelligence et d'intégration sociale valables en eux-mêmes, à travers par exemple un diplôme prestigieux. La stratégie de l'évalué, qui ne serait ni modeste ni réaliste, serait de croire ou de laisser croire que son potentiel de savoir et de savoir-faire suffit.

L'évaluateur utilisera tout le matériel dont il dispose : CV, comptes rendus des entretiens annuels d'évaluation par le n+1, avant et après promotion, fiches individuelles d'appréciation des performances et plans individuels de développement, revue d'organisation, point des potentiels, organigrammes de remplacement, sans oublier les rapports de cabinets de recrutement éventuels et les évaluations de la ligne hiérarchiques. Ce matériau permet de croiser les données.

Un écart peut exister entre les signes du potentiel et le potentiel lui-même. Et dans cette brèche, certains vont se glisser : les avantages symboliques et matériels du potentiel sont tels qu'on peut oublier de développer des compétences nouvelles. Si bien que les personnes animées principalement d'ambition sociale ou d'ambition de carrière cherchent, plus ou moins consciemment, à acquérir la réputation d'avoir du potentiel. Elles se dotent, en conséquence, des éléments correspondant à la représentation du potentiel reçue dans l'entreprise si bien que tous peuvent leur accorder cette réputation. C'est un lieu commun d'épingler ces bêtes à concours devenues sèches à force de bachoter. Leur formation indique certes une certaine capacité de travail mais fort peu d'intégration sociale, du moins une vie quelque peu hors norme. C'est un autre lieu commun que de souligner ce que l'appartenance à une communauté d'anciens peut apporter à une carrière. Le prestige du diplôme peut couvrir de sa légitimité un parcours professionnel dont la véritable explication est le soutien d'un réseau actif.

Quant à la mobilité professionnelle, des changements nombreux de localisation, de métiers, de produits, d'entreprises, accompagnés, bien sûr, d'un accroissement des responsabilités, peuvent refléter l'intelligence, l'habileté et la sagesse à développer aisément et rapidement les compétences requises. Ils seront signe d'adaptabilité et d'employabilité, à juste titre. Ils peuvent aussi recouvrir la fuite en avant à laquelle se livre une personne plus soucieuse de soigner sa réputation que de contribuer à l'entreprise. Il peut être habile de changer de mission dès qu'on en a appris assez pour valoriser ses nouvelles compétences dans un autre contexte mais avant que les résultats du travail ne permettent à quiconque de juger de la performance réalisée.

Ce devrait être un lieu commun d'épingler ces virtuoses de la mobilité que Maurice Thévenet évoque en ces termes : « À une époque où le management se mesure aux résultats de l'action à court terme, on a vu des personnes un peu mercenaires aller d'une entreprise à l'autre pour y exercer des fonctions très temporaires consistant à réduire les effectifs, restructurer, etc. ». Et de relever l'ambiguïté de cette attitude : « Bien entendu, le jeu consiste à partir avant que les résultats ne commencent à se stabiliser[1]. »

---

1. Thévenet M., *Le Plaisir de travailler, favoriser l'implication des personnes*, Éditions d'Organisation, Paris, 2000, cit. p. 233.

Adaptabilité, sans doute, employabilité aussi. Contribution à l'entreprise ? On peut se le demander. Nous l'avons relevé, la renommée du diplôme peut indiquer plus d'ambition sociale que de désir d'apprendre.

Les attitudes que nous venons de décrire peuvent faire illusion aussi longtemps que la réputation que la personne se forge, se moule bien dans la représentation du potentiel reçue dans le milieu professionnel où elle évolue. Ainsi, la stratégie adoptée par certaines personnes animées d'ambition sociale et d'ambition de carrière pervertit la signification des signes du potentiel : un diplôme renommé, un parcours professionnel mobile témoignent, bien sûr, de la capacité à évoluer de la personne qui les présente mais ils ne sont pas forcément signe de potentiel, au sens de capacité à développer de nouvelles compétences qui contribueront à la réussite de l'entreprise. C'est à cette stratégie que l'évaluateur va devoir être vigilant lors de ses observations.

L'important, nous l'avons vu, c'est la modestie avec laquelle l'évalué considère son parcours : sans elle, pas de remise en cause fructueuse. Elle apporte la liberté intérieure et la maturité qui permettent de tirer les leçons de ses expériences et de se développer sur les plans personnel et professionnel. L'évaluateur a besoin de critères de détection de l'ambition modeste qu'il puisse utiliser facilement et sans coût dans le contexte de travail quotidien. Il s'agit d'écouter et de regarder simplement les évalués travailler, au jour le jour, sur le moyen terme, et de repérer la récurrence de certains des comportements, à savoir :

❖ le fait de profiter de toutes ses expériences pour approfondir ses compétences. Quand les évalués évoquent leurs études, parlent-ils de ce qu'ils ont appris ou bien de la renommée de leurs diplômes ? Et quand ils portent leur regard sur leur carrière, parlent-ils de leurs résultats et des leçons qu'ils en tirent ou bien du prestige des postes occupés et des sociétés ?

- le fait d'exprimer avec modestie ses performances. En cas de réussite, les évalués parlent-ils de leur équipe, de la chance, de l'environnement ou bien de leurs propres mérites ? Et, en cas d'échec, parlent-ils de leurs erreurs ou bien du manque de chance, de l'environnement, de leurs collaborateurs, etc. ?

Nous savons maintenant comment distinguer l'ambition qui concourt à l'entreprise de celle qui ne cherche que la reconnaissance des autres. La première est empreinte de modestie, au contraire de la seconde. Nous plaidons pour une véritable prise en compte de la modestie dans les entreprises. La volonté de développer ses compétences et de profiter, pour ce faire, de toutes ses expériences, peut animer les équipes dans la mesure où on leur donne des objectifs précis. Les salariés sont rappelés à leur rôle de contributeurs et ils pourraient d'autant mieux développer leurs compétences que le temps et l'occasion leur seraient donnés de tirer les leçons de leur performance.

Nous préconisons donc la mise en place d'un processus d'évaluation et de retour d'expérience permanent, sous la responsabilité des supérieurs immédiats, sachant qu'ils auraient, eux, pour objectif, le développement de leurs équipes. Une gestion des potentiels trouverait sa place dans ce cadre. L'apprentissage permanent et l'accompagnement dans les nouvelles missions seraient à l'ordre du jour. On formerait les leaders de demain en les envoyant sur des opérations difficiles mais prometteuses.

Le sens de l'exploit, l'envie d'aller toujours plus loin, d'améliorer sa performance sont nécessaires au développement de l'entreprise. Tout le monde en a conscience. Ce qui manque aux entreprises, c'est le climat de modestie sans lequel toute ambition se dévoie en soif de renommée et en quête d'honneurs. L'avantage immédiat d'un tel climat, c'est d'assainir la concurrence que se font les collaborateurs et de les aider ainsi à supporter la pression des objectifs. La performance globale de l'entreprise devrait s'en trouver augmentée, l'efficacité collective prenant le pas sur les jeux politiques et l'entreprise se tournant vers l'extérieur, libérée qu'elle serait des faux problèmes que la vanité se plaît à inventer.

Conclusion

Le potentiel et son évaluation sont un sujet complexe pour l'entreprise. Certains hauts potentiels font preuve d'une performance inférieure à celle que leurs évaluateurs attendaient d'eux. Des profils pourtant prometteurs ne font preuve ni des compétences requises ni des performances attendues dans leur nouvelle fonction. Il serait facile de mettre en cause le professionnalisme de leurs évaluateurs, notamment leur hâte à tenir pour acquis un jugement qui ne peut être qu'un pronostic. Nous pensons qu'une cause plus profonde explique ce phénomène, à savoir la difficulté inhérente à toute évaluation du potentiel. La question est de savoir jusqu'où peut aller la capacité à développer des compétences nouvelles à partir de celles dont la personne a fait preuve dans ses précédentes fonctions.

Nous avons brossé les portraits de différents managers travaillant dans des entreprises marquées par une image du potentiel forte (diplôme, ouverture internationale, mobilité, etc.) et partageant la culture française de l'élitisme. Nous n'avons pu que relever l'importance, dans ce contexte, du diplôme initial et d'un parcours initiatique à l'étranger. Ce sont, de fait, les premiers éléments d'une image de futur dirigeant. Nous avons discuté du diplôme : il peut révéler aussi bien du bachotage qu'une réelle efficacité au travail. Nous avons parlé de la mobilité : elle peut être signe d'adaptabilité et d'apprentissage aussi bien que de fidélité, voire de soumission à l'entreprise.

Tous les indices du potentiel, aussi objectifs que possible, sont sujets à des travers analogues. L'évaluateur doit rester vigilant et vérifier que les éléments sur lesquels il peut fonder son jugement révèlent bien les compétences futures qu'ils sont censés révéler. Dès que ces critères sont reçus comme tels dans l'entreprise, les personnes qui cherchent plus à faire carrière qu'à contribuer peuvent donner l'illusion d'avoir du potentiel. Elles cherchent à se mettre en lumière sans avoir à se mettre en situation d'apprentissage. L'évaluateur, au contraire, ne s'intéresse pas en tant que tel à la carrière de l'évalué mais aux postes qui peuvent lui être confiés, dans une perspective d'évolution à terme et dans une logique de contribution à l'entreprise.

Le potentiel réside en effet dans la capacité à développer des compétences nouvelles. Le diplôme, la mobilité, le respect des valeurs de l'entreprise ne traduisent, au mieux, qu'une capacité de travail, d'adaptabilité et d'apprentissage, de souci de performance. Tout ceci importe mais le cœur du potentiel est fait de l'intelligence, de l'habileté et de la sagesse qui permettent de développer, dans un délai satisfaisant, les savoirs, savoir-faire et savoir être requis pour faire preuve d'une performance d'un degré supérieur. À aptitudes intellectuelles, physiques et comportementales définies, le réalisme et la modestie nous paraissent essentiels. Il s'agit d'évaluer la modestie avec laquelle l'évalué parle de sa performance ou de repérer s'il profite de toutes ses expériences pour approfondir ses compétences. Ces critères présentent l'avantage de pouvoir remplacer sans coût ceux que l'entreprise utilise quotidiennement dans sa gestion des ressources humaines.

Malheureusement, la modestie est dévalorisée dans les entreprises où règne la culture de l'élitisme. Chacun y affiche ses résultats positifs, voire utilise ceux des collègues, mais non ses échecs ! La raison en est qu'elle est souvent considérée comme un manque d'ambition. Le fait est que les entreprises apprécient les ambitieux. Ils ont de l'énergie à revendre et leur confiance en eux est un atout pour l'entreprise. L'ambition est aussi un atout pour les salariés qui, affrontant des tâches ardues, ont l'occasion de se développer. Les entreprises doivent veiller à ce que leur personnel cherche bien à contribuer à leur développement, mais non uniquement à leur carrière.

Il y a ainsi deux ambitions qui se distinguent par l'état d'esprit des personnes concernées. Celles qui cherchent à contribuer à l'entreprise, se développant sur les plans personnel et professionnel, ne sont pas d'abord attentives à leur renommée, au contraire des personnes souhaitant faire carrière. Les secondes se mettent en avant quand les premières se tiennent à leur place. Les unes se parent de leurs prétendus exploits quand les autres attendent que les faits témoignent de leur contribution. L'ambition qui contribue à l'entreprise est empreinte de modestie, voire d'humilité. Au contraire, celles qui cherchent à faire carrière avant tout dénotent de la vanité. Une frontière subtile qu'il faut identifier pour la réussite collective !

Nous considérons que la modestie est une forme de sagesse et non la preuve d'une absence de confiance en soi, et qu'à l'inverse l'orgueil révèle un manque de maturité. Les modestes se sont libérés des modèles de réussite qu'ils ont reçus de leur éducation ou que la culture de leur entreprise leur propose. Ils se connaissent et n'ont pas besoin du regard des autres pour se valoriser. Ils savent vivre et agir sans craindre d'être vus comme ils sont et sans avoir besoin de se mettre en avant. Ils acceptent de se remettre en cause. Ils le font même spontanément quand ils ont un peu d'ambition : la modestie ouvre aux leçons de l'expérience. Elle conditionne la mise en route d'une spirale vertueuse de développement personnel et professionnel.

Cette spirale nous semble commune à tous les humains et tous en ressentiraient les bienfaits si la culture de l'élitisme ne venait s'y opposer. Les dirigeants de l'entreprise s'attacheront donc à développer une culture de la modestie. Ils peuvent, au minimum, concentrer leurs collaborateurs sur la valeur ajoutée qu'ils apportent à l'entreprise. Chacun serait conduit à faire preuve de réalisme et de responsabilité. Chacun prendrait en main les problèmes qui dépendent de lui. Tous développeraient un sens du résultat et c'est sur ses résultats que chacun communiquerait. Il ne serait plus question de flatter ses supérieurs ou de se mettre en avant aux dépens des autres. Personne ne pourrait plus se cacher les faits. Chacun serait conduit à développer ses compétences. L'ambition de prévaloir se transformerait en souhait de contribuer. Et l'entreprise pourrait rebondir avec un peu plus de modestie.

À l'opposé du modèle élitiste français, où il s'agit de réussir du premier coup, en travaillant seul, sans aucune aide, on peut imaginer un mode de management où l'erreur serait considérée comme une occasion d'apprentissage. Il serait admis qu'il n'est pas possible de faire bien du premier coup, qu'il est possible de se tromper du moment que l'on a appris quelque chose, l'important étant de capitaliser et de faire circuler l'expérience. Le manager se tiendrait aux côtés de son équipe pour rappeler les objectifs, donner du sens, voire du plaisir à l'action, lever les blocages, susciter la confiance, aider à prendre du recul, tirer les leçons et mémoriser, en bref favoriser les apprentissages. Il ne se positionnerait pas tant en expert d'un savoir-faire qu'en spécialiste du savoir être. Il accompagnerait des personnes libres de leurs motivations et responsables de leur propre développement. Il serait doté de l'intelligence émotionnelle qui, selon D. Goleman[1], favorise les relations interpersonnelles.

La gestion des compétences prend tout son sens dans cette optique de contribution à l'entreprise. Il s'agit de systématiser l'effort individuel de développement personnel et professionnel et d'en rassembler les moyens. Dans un tel contexte, les salariés sont rappelés à leur rôle de contributeurs et ils pourraient d'autant mieux développer leurs compétences que le temps et l'occasion leur seraient donnés de tirer les leçons de leur performance. Nous préconisons la mise en place d'un processus d'évaluation et de retour d'expérience permanent sous la responsabilité des supérieurs immédiats, sachant qu'ils auraient pour objectif le développement de leurs équipes.

---

1. D. Goleman, *L'Intelligence émotionnelle*, vol. 2, Robert Laffont, 1999.

Une gestion des potentiels trouve sa place dans ce cadre. En bref, une GRH réaliste s'appuie sur le cœur de métier de l'entreprise et son développement. Elle joue des atouts de l'entreprise ou pallie ses faiblesses. Ainsi pour exemple, sa politique salariale dépendra de la marge dégagée par le métier, sa gestion des carrières et sa politique de recrutement de la croissance du marché et de son attractivité. Orienter ainsi la GRH sur la valeur ajoutée de l'entreprise ne revient pas à faire passer le social au second plan mais contribue au contraire à sa prise en compte systématique.

Le dirigeant, et à sa suite tous les managers, veilleront à montrer l'exemple en mettant leurs actes en cohérence avec leurs discours. Ils feront preuve, notamment, de courage et de constance. Le courage d'agir, qui va de pair avec la saine ambition, pour aboutir malgré les obstacles, au risque d'avoir à manager son impatience. Et la constance, en corollaire, car le changement prend du temps et se construit à petits pas, jour après jour.

Comme le dit C. Ghosn, « la responsabilité sociale du chef d'entreprise, c'est d'abord d'en être le leader. [...] il faut s'assurer que la vision de l'entreprise, de son avenir, est connue, comprise, partagée, [...] La responsabilité du chef d'entreprise consiste à associer la totalité du personnel dans le management et à s'engager sur les résultats. [...] Il faut sentir l'entreprise, sentir les clients. [...] Sentir l'entreprise est aussi important que la comprendre [...] Le patron doit être celui qui garantit que l'entreprise reste fidèle à sa vocation principale[1] ».

---

1. Ghosn C. et Riès P., *Citoyen du monde*, Grasset, Paris, 2003, cit. 365.

Ce livre n'a pas eu pour ambition de créer un modèle universel ou de donner au lecteur une boîte à outils. Nous avons voulu seulement plaider la cause de la maturité professionnelle. Pour la vivre au quotidien, nous pensons qu'une ambition saine contribue, à long terme, au développement des hommes et à la réussite de leurs entreprises. Nous espérons que les portraits d'Emmanuelle, Luc, Charlotte, Eddy, Monique, Lynn, Juan, Naoko, Arthur et Alice vous ont aidé à y réfléchir pour vous-mêmes.

Et nous vous proposons de faire le point, si le cœur vous en dit, à l'aide du questionnaire d'auto-évaluation que vous trouverez ci-après.

Quiz

Êtes-vous un potentiel pour votre entreprise ?

1. **Quel type d'études avez-vous suivi ?**
   a) une grande école
   b) autres études supérieures
   c) autres types d'études

2. **Votre diplôme vous a apporté :**
   a) des connaissances
   b) une porte d'entrée
   c) une carte de visite pour l'ensemble de votre carrière

3. **Votre diplôme :**
   a) vous est aujourd'hui utile dans votre travail
   b) est une peau de chagrin
   c) vous offre une garantie pour le futur

4. Quand vous parlez de vos études (retenez une seule réponse) :

    a) vous évoquez votre classement d'entrée ou de sortie

    b) vous évoquez la renommée de votre diplôme

    c) vous évoquez les particularités de votre école

    d) vous évoquez vos stages

    e) vous évoquez vos activités au sein de l'école

    f) vous portez une analyse critique sur vos études

5. Avez-vous eu l'occasion de vivre/grandir dans un environnement multiculturel ?

    a) oui

    b) non

6. Avez-vous vécu à l'étranger plus d'un an consécutif ?

    a) oui

    b) non

7. Si oui :

    a) vous étiez immergé dans le tissu local

    b) vous bénéficiez de conditions d'expatriation avantageuses

8. Quand vous parlez rapidement de votre parcours :

    a) vous évoquez plutôt les noms de vos entreprises, vos positions hiérarchiques, vos titres

b) vous évoquez plutôt vos résultats, les leçons que vous avez tirées de ces expériences

9. Quand vous parlez de vos expériences réussies, vous évoquez :

a) les compétences que vous avez approfondies

b) vos réalisations

c) votre équipe

d) la chance, les circonstances favorables, l'environnement

10. Quand vous parlez de vos échecs, vous parlez en priorité (2 réponses maximum) :

a) des compétences que vous avez approfondies

b) de réalisations

c) de votre équipe

d) des circonstances défavorables, de la malchance

e) de vos erreurs

11. Quand vous parlez de vos objectifs professionnels, évoquez-vous spontanément votre équipe ?

a) oui

b) non

12. D'après vous, vos dernières réussites professionnelles sont imputables :

a) à vous exclusivement

b) à vous et votre équipe

c) à votre équipe essentiellement

13. Avez-vous connu des insuccès professionnels ?
a) oui
b) non

14. Si oui, quelle en était la raison essentielle ?
a) votre attitude
b) le contexte
c) vos équipes

15. En matière d'organisation :
a) vous aimez organiser, structurer l'entreprise selon des normes
b) vous aimez innover, tenter des choses nouvelles

16. En matière d'énergie, dans laquelle de ces trois propositions vous reconnaissez-vous ?
a) vous vous dépensez beaucoup dans votre métier
b) vous gardez des plages pour gérer votre stress (en pratiquant du sport par exemple, ou d'autres loisirs)
c) vous êtes d'un naturel calme

17. Avez-vous fait récemment quelque chose d'important ?
a) oui
b) je ne m'en souviens pas
c) je ne crois pas

18. Vous êtes attentif à être évalué :
   a) sur l'atteinte des objectifs fixés par votre hiérarchie
   b) sur le chiffre d'affaires ou les paramètres chiffrés afférents à votre fonction
   c) sur votre contribution effective au développement de l'entreprise
   d) sur une évaluation à 360° qui indique votre bon fonctionnement avec l'ensemble de l'entreprise

19. Habituellement vous êtes attaché :
   a) à travailler vos points faibles
   b) à renforcer vos points forts

20. Dans votre relation au travail, honnêtement, quelle est votre attitude la plus courante ?
   a) vous cherchez à nuire
   b) vous faites le minimum pour éviter les problèmes
   c) vous recherchez les récompenses et évitez les critiques
   d) vous faites avancer les projets de vous-même
   e) vous prenez des initiatives pour améliorer les processus
   f) vous en faites trop, à votre détriment et à celui de votre environnement

21. De manière générale, laquelle de ces attitudes vous ressemble le plus dans votre vie professionnelle ?
   a) faire savoir ce que vous faites
   b) contribuer au groupe, qu'il aille ou non dans le sens de vos convictions
   c) rester modeste tout en défendant vos convictions pour le bien de l'entreprise

22. Vous reconnaissez-vous dans l'une ou l'autre des attitudes suivantes (plusieurs réponses possibles) ?
   a) je fais difficilement confiance
   b) j'ai confiance en moi
   c) j'ai confiance dans les autres
   d) j'ai confiance dans mon environnement

23. Dirait-on plutôt de vous :
   a) que vous avez du caractère
   b) que vous êtes d'un caractère accommodant

24. Dans votre relation professionnelle, lesquelles de ces propositions vous ressemblent (plusieurs réponses possibles) ?
   a) vous osez vous positionner
   b) vous faites preuve de patience et de persévérance
   c) vous vous orientez sur les aspects positifs des situations
   d) vous savez lâcher prise si nécessaire et réajuster vos objectifs

Corrigé du quiz

Question \ Réponse	a	b	c	d	e	f	TOTAL
1	2	1	0				
2	2	1	0				
3	1	2	0				
4	0	0	2	2	1	2	
5	2	0					
6	2	0					
7	2	0					
8	0	2					
9	2	0	1	1			
10	2	2	1	0	2		
11	1	0					
12	0	2	1				
13	2	0					
14	2	0	0				
15	2	1					
16	4	2	0				
17	2	1	0				
18	1	1	2	0			
19	0	2					
20	0	0	1	2	2	0	
21	1	0	2				
22	0	1	2	2			
23	2	0					
24	1	2	2	3			

Votre total se situe :

En dessous de 20 points

Manifestement, vous ne rassemblez pas aujourd'hui dans vos mains les éléments qui permettent de vous considérer comme un potentiel dans votre entreprise. Repérez au fil de la lecture les différents critères du potentiel et réfléchissez à ceux qui sont à votre portée pour mieux progresser. Puis travaillez-les sans relâche !

Entre 20 et 35 points

Vous n'êtes pas immédiatement identifiable comme un potentiel pour votre entreprise. Néanmoins vous pourriez changer cet état de fait en vous donnant les moyens de travailler sur vous-même. À vous de jouer ! À moins que vous ne souhaitiez rester là où vous êtes !

Au-delà de 35 points

Vous êtes très probablement un potentiel identifié par votre entreprise et vous devez pouvoir répondre aux attentes qui pèsent sur vous.

Si ce n'est pas le cas, faites remplir ce questionnaire par un de vos proches sur le plan professionnel en lui demandant de préciser comment il perçoit votre fonctionnement. Vous pourrez ainsi comparer la façon dont vous vous percevez et sa propre perception. À vous alors de travailler sur les principaux écarts !

Composé par Composud

Dépôt légal : juin 2007
N° d'éditeur : 3517
IMPRIMÉ EN FRANCE

Achevé d'imprimer le 20 juin 2007
sur les presses de l'imprimerie «La Source d'Or»
63200 Marsat
Imprimeur n° 11704

Dans le cadre de sa politique de développement durable,
La Source d'Or a été référencée IMPRIM'VERT®
par son organisme consulaire de tutelle.
Cet ouvrage est imprimé - pour l'intérieur -
sur papier bouffant « Munken Print » 80 g des papeteries Arctic Paper,
dont les usines ont obtenu la certification environnementale ISO 14001
et opèrent conformément aux normes E.F.C.F., F.S.C. et E.M.A.S.